영화 속 역사
깊은 이야기

한국사편

이영춘·이승엽 지음

영화로 한국사를 엿보다

율도국

목 차

추천사 송호정 (한국교원대학교 역사교육과 교수) ········ 5

추천사 조혜진 (경기도교육연수원 교육연구사) ··········· 6

추천사 김병욱 (금오공업고등학교 교사) ···················· 7

서 문 이영춘, 이승엽 ································· 8

1장. 〈안시성〉, 〈황산벌〉, 〈평양성〉 ···················· 11
　　　- 고대 동아시아 왕좌의 게임

2장. 〈신과 함께-인과 연〉, 〈쌍화점〉 ···················· 39
　　　- 개방적이고 역동적인 고려와 함께

3장. 〈관상〉, 〈왕의 남자〉 ································ 67
　　　- 파도만 보고 바람은 보지 못했네

4장. 〈명량〉, 〈구르믈 버서난 달처럼〉 ···················· 95
　　　- 이순신, 정여립, 이몽학의 적은 다른가?

5장. 〈광해, 왕이 된 남자〉, 〈대립군〉 ·················· 119
  - 진정한 왕의 모습은 무엇인가?

6장. 〈최종병기 활〉, 〈남한산성〉 ·························· 147
  - 병자호란, 백성과 왕의 차이점은?

7장. 〈사도〉, 〈역린〉 ································· 169
  - 개인적 비극인가, 당파싸움의 희생자인가?

8장. 〈군도:민란의 시대〉, 〈명당〉 ···················· 195
  - 땅에 집착을 버리고 백성을 구하라

9장. 〈암살〉, 〈밀정〉 ·························· 219
  - 100년 전의 독립 투사, 지금은 어디에?

10장. 〈아이 캔 스피크〉, 〈군함도〉 ················ 247
  - 말할 수 없는 고통, 말할 수 있는 용기

이 책을 읽기 전에

● 이 책은 개봉한 영화에 대한 비평, 교육, 연구 저서로서 공표된 영화 포스터를 사용하는데 있어 저작권법 제28조 공표된 저작물의 인용조항에 따라 '정당한 범위' 안에서 '공정한 관행'에 합치되게 인용하였습니다. 우리 저작권법 제28조는 보도·비평·교육·연구 등을 위해서는 공표된 저작물을 정당한 범위 안에서 공정한 관행에 합치되게 인용할 수 있도록 규정하고 있습니다.

● 『영화 속 역사 깊은이야기』는 교육부 주관 중앙교육연수원에서 실시한 원격 연수 〈영화 속 한국사 엿보기〉를 바탕으로 역사적인 내용을 추가, 보완하여 제작하였습니다. 책 도판은 금성출판사의 한국사 교과서, 국립중앙박물관, 전쟁기념관, 독립기념관에, 위키피디아의 그림을 사용하여 저작권자를 표기하였습니다.

● 책 속 큐알코드를 통해 영화 예고편을 만날 수 있습니다. 네이버 홈버튼의 렌즈를 누르면 나오는 '스마트 렌즈'로 찍으면 영화 예고편을 핸드폰을 확인할 수 있습니다.

추천사

송호정 (한국교원대학교 역사교육과 교수)

영화는 과거의 역사를 생동감 있고 구체적으로 이해하는 데 도움을 줍니다. 영화는 기본적으로 영화적 상상력을 바탕으로 만들어지기에 제작자가 어떤 메시지를 전달하려는 가를 잘 읽을 필요가 있습니다.

이 책은 의미있는 작품 21편을 골라 영화 속 궁금한 사실에 질문을 던지고, 이에 대해 역사교사인 저자의 재미있고 명쾌한 해설을 통해 역사적 진실에 다가가도록 이끕니다. 그리고 영화를 통해 우리 역사를 더욱 입체적이고 비판적으로 이해할 수 있는 안목을 기르고, 영화가 우리의 삶에 어떤 메아리를 울릴 수 있는지를 잘 안내하고 있습니다.

추천사

조혜진 (경기도교육연수원 교육연구사)

이탈리아 르네상스 시대의 거장 레오나르도 다빈치(1452~1519)는 창의융합형 인재 즉, 만능인(Uomo Universale)으로 경험과 인식을 통해 예술과 과학을 창조적으로 결합하고, 다양한 장르를 넘나들며 혁신과 융합을 주도한 점에서 시대를 초월하여 뛰어난 천재로 평가받고 있습니다.

  미술을 전공한 나는 특히, 다빈치를 좋아합니다. 그는 자신의 호기심을 자극하는 것들을 생각나는 대로 열심히 노트에 기록하였는데 그 기록이 무려 7,000여 장이 넘는다고 합니다. 상당한 시간 동안 이영춘, 이승엽 두 작가가 역사적 사건과 인물을 분석하고 영화적 상상력과 호기심으로 엮어낸 수많은 노트(기록)를 보며 다빈치를 떠올린 것은 아마 이들과 많은 부분 닮았다고 느꼈기 때문입니다.

  역사와 영화의 덕후인 이들의 개인적인 열정과 즐거움을 넘어, 과거 우리 조상의 지혜와 성과, 아쉬움과 반성이 현재의 우리와 조우하게 해 줍니다. '영화 속 역사 깊은 이야기(한국사편)'은 다양한 역사적 관점과 허구적인 상상력으로 우리를 무장시키고, 책을 읽는 내내 '혜안(慧眼)'을 지닌 양 나 스스로를 제법 우쭐대게 만들어 줍니다.

추천사

김병욱 (금오공업고등학교 교사)

'知卽爲眞愛(지즉위진애), 愛卽爲眞看(애즉위진간)' '알면 진정으로 사랑하게 되고, 사랑하면 진정으로 보이게 된다' 사랑은 관심의 다른 표현입니다. 관심을 갖게 되면 자연스럽게 관심의 대상에 대하여 더 많은 것을 알게 됩니다.

역사와 영화를 사랑하는 두 작가는 영화를 통해 독자를 역사 속으로 이끌어 들여 과거를 성찰하고 현재를 분석하고 미래를 내다 볼 수 있게 합니다.

서문

『영화 속 역사 깊은 이야기』 사용설명서

"선생님! 정말 그랬어요?"

역사 영화가 개봉하면 항상 듣는 이야기 중 하나다. 역사교사라고 해서 역사를 다 아는 것은 아니다. 그러다 보니 긴장한다. 역사교사라는 체면도 있는데, 내가 아는 질문이어야 하는데. 그러다 보니 역사 영화가 개봉하면 많이 챙겨본다. 나름의 역사교사로서 대비라고 할까?

그러다 영화의 매력에 빠져버렸다. 영화는 '시공간의 저주'를 풀어낼 수 있는 매체이기 때문이다. 과거-현재-미래 그 어느 곳, 어디든 영화는 소재만 있다면 제작될 수 있다. 그리고 상상을 실재처럼 만드는 힘이 있다.

사실, 역사는 '시공간의 저주'에 빠져있는 학문이다. 지나간 일을 다루기 때문이다. 아무리 상상하고 싶어도 아는 것이 적으면 상상할 수 없다.

영화는 역사의 이런 문제를 해결할 수 있는 최상의 매체다.

글과 이야기로 만들었던 역사적 사건과 인문들을 영화로 만난다는 것은 매우 흥미로운 일이다. 상상만 했던 영웅들의 모습과 이름난 전쟁들을 눈으로 볼 수 있다는 것은 영화가 역사에게 해줄 수 있는 최고의 선물이다. 반대로 소재 고갈로 허덕이는 영화는 역사를 만나 마음껏 다양한 영화를 제작할 수 있다. 역사와 영화는 이처럼 서로에게 필요한 존재다.

본 책에서 선정한 21편의 영화는 우리의 역사를 소재로 제작된 영화들이다. 영화의 특성상 많은 부분에서 가상으로 포장되어 있다. 그러므로 이 포장지를 하나 하나 벗기다 보면 역사의 실체에 다가설 수 있다. 이 포장지를 벗기다 보면 우리 역사 속 깊은 이야기들을 마주할 수 있다.

대표적으로 1장에서 다룬 영화 〈안시성〉은 우리를 7세기 고구려와 당나라의 전투 상황 속으로 안내한다. 영화를 통해 우리는 고구려와 당시 동북아시아 세력다툼을 확인할 수 있다.

영화 속 가상의 포장지를 하나씩 벗기다 보면 우리는 역사의 실체에 다가선다.

어디까지가 진실이고 거짓일까? 연개소문과 안시성주는 정말 싸웠을까? 신녀의 예언은 정말 있었나? 토산이 무너진 것은 사실일까? 등이 그것이다.

영화 속 역사 내용을 보면서 자신이 알고 있는 사실과 영화 속 장면이 얼마나 일치하는 지 살펴보는 것은 이 책을 재미있게 읽는 관전 포인트 중 하나다.

이 책을 보는 두 번째 포인트는 '상상력'이다. 역사에서 가정은 존재하지 않는다. 그래도 '만약에' 이랬다면? 역사는 어떻게 흘러갔을까? 를 모두 생각해 본다.

가상의 역사는 흥미롭다. 일어나지 않았기 때문에 마음껏 상상할 수 있다. 영화는 상상력을 발휘하여 역사를 매우 흥미롭게 포장할 수 있다.

5장의 〈광해, 왕이 된 남자〉가 대표적이다.

조선 15대 군주 광해군의 도플갱어 하선이 왕이 되면서 일어난 일을 다룬 영화다. 실제 일어난 일은 아니지만, 누구나 한 번쯤 상상했던 일들이다. 자신과 닮은 도플갱어가 있다면? 그 존재가 왕이라면? 이 상상을 영화로 만든 것이 〈광해, 왕이 된 남자〉다.

이 상상력을 우리 역사 속으로 가져와 보자. 만약 이순신이 존재하지 않았거나, 수군을 포기했다면? 우리 역사는 어떻게 흘러갔을까? 근거를 제시하며 가상의 역사를 마음껏 상상해보자. 이 책을 더욱 깊게 볼 수 있을 것이다.

세 번째 포인트는 내가 영화감독이 되어 영화를 만들어 보는 시간을 가져보는 것이다. 역사의 다양한 이야기는 영화의 소재가 되기 충분하다.

제3장에서 다룬 〈관상〉은 사람들이 흥미로워하는 관상을 통해서 계유정난을 영화로 만든 사례다. 이런 다양한 이야기들을 엮어 영화로 제작할 수 있다. 독자 스스로 영화감독이라고 한다면 어떤 역사적 소재를 영화로 만들고 싶은가? 이러한 고민 자체가 역사를 더 깊게, 넓게 보는 방법이다.

질문 하나에서 시작한 이 책은 교육부 주관 경기도교육연수원에서 '영화 속 한국사 엿보기'라는 제목의 연수로 제작되었다. 교사들을 벗어나 더 많은 사람에게 역사 영화 속 궁금증을 풀어주고 싶다는 생각이 들었다. 그 결과물이 『영화 속 역사 깊은 이야기』이다.

이 책이 나오는 데까지 많은 도움을 주었던 율도국 출판사 관계자, 경기도교육연수원 연수 제작팀, 많은 역사영화 질문과 조언을 아끼지 않았던 이정현, 고건수 선생님과 학생들에게 감사드린다. 아무쪼록 이 책이 역사 영화의 궁금증을 해소하는 책이자, 상상력을 자극하는 지적 유희의 책이 되었으면 좋겠다.

2020년 봄날, 역사교사 이영춘, 이승엽

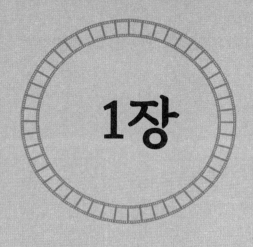

1장

안시성
황산벌
평양성

1장

〈안시성〉, 〈황산벌〉, 〈평양성〉

고대 동아시아 왕좌의 게임

1. 영화 '안시성' 알아보기

영화 〈안시성〉(2018, 김광식)의 배경은 645년에 일어난 안시성 전투였다. 안시성을 중심으로 관련된 여러 인물들이 대결하고 결국에는 안시성 민들이 힘을 합해 당나라를 물리치는 이야기다.

영화의 줄거리는 이렇다.

당나라의 황제이자, 전쟁의 신 이세민(박성웅 분). 그는 수십만의 정예병을 이끌고 고구려를 침략했다(645).

〈안시성〉 (김광식 감독, 2018) 포스터
제작 : 영화사 수작, 스튜디오앤뉴, 모티브 랩
배급사 : 넥스트엔터테인먼트월드, Well Go USA

　고구려의 집권자 연개소문(유오성 분)은 15만의 정예병을 보내 당나라 군대를 막아섰다. 하지만 고구려의 자랑 개마무사(철갑 중무장 기마병)는 이세민 앞에 무력했고 고구려의 군대는 대패했다.

　당나라 군대는 거침없이 고구려 요동 방어선 최후 보루 안시성을 향해 진격했다. 당나라의 포로가 된 고구려의 신녀(정은채 분)는 고구려의 멸망을 예언했다. 승리의 여신은 당나라 편인 것처럼 보였다.

안시성이 위기에 처한 이때, 연개소문은 안시성을 버리고 평양성으로 퇴각했다. 그리고 태학도 사물(남주혁 분)에게 의문의 지시를 내렸다. 안시성주 양만춘(조인성 분)을 살해하라는 것이었다.

한편, 안시성은 거대한 당나라의 군대 앞에 굴복하지 않았다. "물러선 법을 배우지 못했다"라는 양만춘과 안시성 백성. 그들은 수적 열세에도 불구하고 당나라 대군의 공격을 방어하자 이세민은 최후의 수단을 동원했다. 수십만을 동원하여 토산을 쌓은 것이다. 토산이 완성되면, 안시성의 운명은 끝날 것처럼 보였다. 그러나 완성 직후 토산이 무너졌다. 양만춘을 중심으로 안시성민들은 어떻게 위기를 극복할 것인가.

2. 영화 '안시성' 엿보기

6세기 말에서 7세기, 동아시아는 전쟁의 시대였다.

동북아시아 전통의 패자(覇者) 고구려. 새롭게 떠오르는 신흥제국 수·당나라. 이 두 세력은 동아시아 패권을 장악하기 위해 70년간 대립했다. 동아시아판 '왕좌의 게임'이다.

영화 엿보기 1. 연개소문과 안시성주, 두 남자의 사정?
영화 엿보기 2. 신녀! 고구려의 멸망을 예언하다?
영화 엿보기 3. 공든 토산도 무너지다?

영화 엿보기 1. 연개소문과 안시성주, 두 남자의 사정?

양만춘은 뛰어난 성주이자, 용맹한 장군이다. 모두를 포용하며 백성을 대하는 모습은 양만춘이 어떤 인물인지 잘 보여준다. 하지만 그에게도 위기가 찾아왔다. 당나라의 대군이 안시성을 공격할 때 연개소문은 양만춘을 지원하지 않았다. 도리어 태학도 사물을 자객으로 보냈을 뿐이다.

양만춘과 연개소문, 둘 사이에 어떤 일이 있었던 것일까?

안시성 전투가 발생하기 33년 전으로 가보자.

612년, 수나라의 대군이 고구려를 침략했다. 역사상 유례가 없는 대군이었다. 군대의 수는 무려 113만 3800명에 달했다.

수나라 황제 양제(煬帝)는 육지와 바다 양면에서 고구려를 공격했다. 하지만 전쟁은 계획과 다르게 흘러갔다. 고구려의 요동성에 발목이 묶여버렸기 때문이다. 전쟁이 장기화되면 수나라에 불리했다. 군량미를 감당할 수 없기 때문이다.

양제는 특단의 조처를 내렸다. 그의 선택은 도박이었다. 30만 별동대를, 100일 치의 식량과 군수물자와 함께 고구려 수도 평양성으로 보낸 것이다. 그러나 이것은 도리어 수나라 별동대의 짐이 될 뿐이었다.

수나라의 수군을 이끌던 내호아(來護兒)의 주 임무는 별동대의 군수품을 보급하는 것이지만 전공을 세우고 싶었다. 작전에 없었던 평양성을 직접 공격했다. 내호아의 공격으로 고구려가 멸망할 것처럼 보였다.

그러나 이것은 고구려의 유인작전이었다. 내호아 부대는 큰 피해를 봤다. 지원을 받지 못한 30만의 별동대는 굶을 수밖에 없었고, 살수대첩에서 대패했다. 고구려의 완벽한 승리였다.

이 작전을 주도한 이가 바로 고구려 왕(영양왕)의 동생 건무였다. 전쟁 후 건무는 왕이 되었다.

그가 바로 영류왕(618~642)이다.

그는 두 가지 문제에 직면해 있었다.

첫 번째, 당나라와의 관계였다. 전쟁에서 패배한 수나라는 내분으로 멸망했다. 이후 당나라가 중국을 지배했다(618). 당나라와 어떠한 관계를 유지해야 고구려에 이득이 될 것인가.

두 번째, 전후 복구 시간이 필요했다. 수나라와 전쟁은 상처뿐인 승리였다. 주요 전쟁터가 요동지역이었기 때문이다. 요동은 고구려의 대표적인 곡창지대이자 광산 지역이었다. 고구려의 경제, 인적 피해가 막심했고, 회복할 시간이 절대적으로 필요했다.

영류왕은 두 가지 문제를 해결하기 위해 당나라와 좋은 관계를 유지하기로 하였다. 전쟁 영웅답지 않은 의외의 판단이었다.

사실 당나라도 고구려와 평화적인 관계를 원했다. 내부적 혼란을 해결할 시간이 필요했기 때문이다. 어쩌면 두 나라는 '시간'이 필요하다는 점에서 이해관계가 일치했고, 영류왕은 당나라의 상황을 잘 파악하고 있었던 것인지 모르겠다.

당나라와의 평화는 도리어 내부의 불만을 가져왔다. 영류왕의 외교정책에 불만을 품은 이들이 생겼다. 연개소문이 대표적이다.

안시성 전투 발생 3년 전(642), 결국 연개소문은 불만을 행동으로 옮겼다. 100명의 대신을 죽이고, 궁으로 달려가 영류왕을 시해한 것이다. 쿠데타 직후 보장왕을 왕으로 세웠다. 하지만 누가 봐도 실질적인 왕은 연개소문이었다.

그러나 연개소문의 집권을 거부한 이들도 있었다. 고구려 왕은 '천손

(天孫)'이라고 불렸다. 신의 후손이라는 의미다. 그런 신의 후손을 죽인 연개소문은 하늘을 거역한 자일 뿐이었다. 대표적인 반 연개소문세력 중 한 명이 안시성주였다. 안시성주는 연개소문의 집권을 반대했다. 연개소문은 안시성을 공격하였으나 실패했고, 연개소문은 안시성주를 인정했다. 결국, 안시성은 반 연개소문의 대표적인 지역으로 남게 되었다. 이 둘 사이의 대립은 당 태종에게도 알려질 정도로 큰 사건이었다.

영화에서는 이 둘의 갈등 관계를 강조하기 위해 사물을 등장시켰다. 사물은 실존 인물이 아닌 가공의 인물이다. 영화적 상상력이 돋보인다. 사물이 등장하면서 연개소문과 안시성주의 갈등이 입체적으로 표현될 수 있었다.

연개소문의 쿠데타는 동아시아 '왕좌의 게임'의 새로운 분수령이었다. 당나라는 이것을 빌미로 전쟁을 일으켰기 때문이다. 고구려와 당나라의 본격적인 전쟁이 시작되었다.

영화 엿보기 2. 신녀! 고구려의 멸망을 예언하다?

전쟁의 신으로 불린 당나라 황제 태종(太宗) 이세민. 그는 직접 정예병을 이끌고 주필산 전투에서 고구려의 신녀를 사로잡았다.

영화에서, 사로잡힌 고구려 신녀는 고구려의 멸망을 예언했다. 모든 것을 포기한 신녀의 눈빛은 고구려의 암울한 미래를 암시한다. **실제 역사에서 신녀는 정말 고구려의 멸망을 예언했을까?**

성에는 주몽의 사당이 있고 사당에는 철갑옷과 예리한 창이 있는데

망언하여 전연(前燕)시대에 하늘이 내려준 것이라고 한다. 포위가 급하니 미녀를 꾸며서 부신(婦神)으로 삼고 무당이 말하기를, "주몽이 기뻐하시니 성이 반드시 안전할 것이다." 하였다.

『삼국사기』

기록에 의하면, 영화 속 신녀의 예언은 사실과 다르다.

당시 요동성에 있던 무당은 고구려의 승리를 예언했다. 그녀가 이렇게 말할 수 있었던 것은 수나라의 대군을 막은 경험 때문일 것이다. 하지만 요동성은 함락당했다.

수나라의 대군도 막았던 요동성이 무너졌을 때 고구려인들은 얼마나 큰 위기감을 느꼈을까? 그러한 위기감을 반영한 인물이 바로 영화 속 신녀라고 할 수 있다.

그런데 고구려의 멸망을 예언했던 사람은 따로 있다. 가언충은 당나라 고종의 물음에 다음과 같이 말했다.

『고려비기』에 말하기를, 900년이 못되어 80의 대장에게 멸망할 것이다' 하였으니 고씨(고구려)가 한나라로부터 나라를 지녀 지금 900년이 되었고, 이적의 나이가 80세입니다.

『삼국사기』

실제로 가언충이 예언한 그해 668년, 고구려는 멸망했다.

다시 당나라 태종 이세민이 고구려를 침략한 순간으로 돌아가 보자.

이세민이 고구려를 침략한 진정한 이유는 무엇일까?

그것은 당시 중국의 왕조 변화와 관련 있다. 수나라의 고구려 정벌

실패는 중국인들에게 큰 트라우마였다.

수나라는 그렇게 만만한 나라가 아니다. 400여 년간 위진남북조시대로 분열되었던 중국을 하나로 통일한 대제국이었다. 하지만 대제국 수나라도 고구려 정벌에 실패했다.

수나라를 이어 중국을 통일한 당나라는 왕조의 안정과 자존심을 회복해야 했다.

당나라 태종 이세민은 황제가 되고 나서 주변 강대국이었던 북방의 돌궐, 서방의 토욕혼, 서남의 토번을 굴복시켰다. 주변에 남은 강대국은 고구려뿐이었다. 이제 고구려만 제압하면 당나라는 진정한 천하의 중심으로 인정받을 수 있었다. 이러한 측면에서 당나라의 고구려 침략은 진정한 동아시아 왕좌의 패권을 가리는 전쟁이었다. 이세민은 고구려 정벌을 위한 군사적 준비가 마무리되자, 연개소문의 쿠데타를 빌미로 전쟁을 일으켰다(645).

당나라 태종 이세민, 그는 누구인가.

그는 원래 황제가 아니었다. 하지만 쿠데타를 통해 권력을 장악하고 황제가 되었다. 권력을 장악하는 모습은 놀랍게도 연개소문과 닮아있다.

이세민은 지략이 뛰어났다. 아버지를 도와 당나라 건국에 공을 세웠으나 태자가 되지 못했다. 결국, 쿠데타를 일으켜 아버지를 왕위에 쫓아내고 형제들을 죽였다.

그런데 중국에서는 이세민을 태평성대를 가져온 훌륭한 황제로 평가한다. '유방과 조조의 기량을 한 몸에 갖춘 인물'이라고 말할 정도다.

그가 이런 평가를 받을 수 있었던 것은 탁월한 군사적 역량 때문이었다. 이세민의 군대는 당시 세계 최강이었다. 군사의 양적 규모, 질적 수준 모두 뛰어났다. 실전 경험도 풍부하였으며, 육화진법으로 대표되는 체계적 전술과 신식무기로 주변국을 압도했다. 특히 장창부대는 당나라 군대의 자랑이었다. 고구려의 개마무사도 장창부대 앞에서는 무너질 뿐이었다.

이뿐 아니다. 당 태종은 심리전에도 능했다. 백제와 신라에 참전을 요구하며, 고구려를 압박했다. 철저한 준비와 강력한 군사력은 당 태종이 자신감을 가졌던 이유다.

"나는 이전 수나라 양제와 다르다!"

당나라 태종의 목소리가 여기까지 들리는 듯하다. 반대로 고구려는 건국 이래 최대의 위기를 맞이했다.

645년. 당나라 태종은 육로와 해로를 모두 활용하여 고구려를 침공했다. 육로는 3지역으로 나눠 공격하였는데 요동에 있던 여러 성이 차례로 함락당했다. 심지어 수나라가 점령하지 못했던 난공불락의 요동성마저도 점령했다.

전쟁의 신이자 당나라의 황제
태종 이세민

당나라 군대의 육군은 요동성에서 50만 석의 쌀을 확보했다. 수군은 비사성과 백암성을 점령하며 식량을 당나라 군대에 보급했다. 이전 수나라와 다른 전쟁 양상이었다.

전쟁은 이세민의 의도대로 흘러갔다. 고구려의 개모성, 비사성, 요동성, 백암성이 차례로 함락되다. 고구려의 방어선이 무너지기 시작했다. 고구려의 위기였다. 고구려는 사력을 다해 당나라 군대를 막아야 했다. 고구려는 무려 15만 명에 달한 군사를 보냈다. 고구려 역사상 15만 명은 최대의 군대 동원 수치다. 고구려도 모든 역량을 모아 당나라와의 일전을 준비한 것이다.

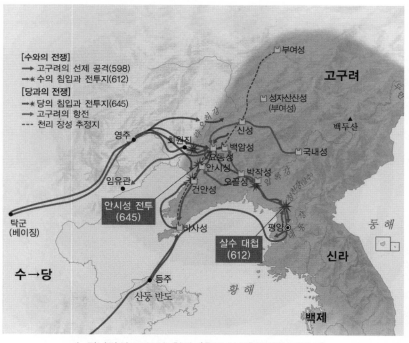

수·당나라의 고구려 침략 (출처:금성『한국사』교과서)

고구려 군대의 지휘관은 북부 욕설 고연수, 남부 욕설 고혜진, 대로 고정의였다. 당나라 군대와 전면전을 치른 것을 봤을 때 고구려의 개마무사가 참전했을 것이다.

개마무사는 영화 초반에 등장한다. 개마무사는 요동지역의 풍부한 철광석을 바탕으로 말과 사람을 모두 철로 무장한 지금의 장갑차와 비슷한 위력을 발휘하는 정예부대였다.

원래 고구려의 전쟁 전략은 수성전을 바탕으로 한 청야전술과 게릴라다. 게릴라는 주로 말갈족을 활용하는데 퇴각할 때 개마무사를 보내 후방을 타격하는 형태의 전술이다. 그래서 대로 고정의는 주필산에서의 전투를 원치 않았다. 수성전을 통해 당나라의 공격을 막으려 했다. 하지만 고연수와 고혜진은 이를 거부하고 주필산에서 전투를 시작했다. 이세민도 고정의가 생각한 전략을 가장 두려워했다. 그리고 가장 무능한 계책을 고구려가 전면전을 하는 것이라고 봤다.

그런데 고구려는 전면전을 선택했다. 어떤 이유가 있는 것일까?

혹시 수성전을 위해서는 필요했던 안시성주의 도움이 부담스러웠던 것은 아니었을까? 외부의 위기도 내부의 화해를 끌어내지 못한 모습이 아쉬울 따름이다.

안시성으로 추정되는 중국 랴오닝성 하이청현 영성자 산성

당나라의 주필산 전투에서의 승리는 어쩌면 당연한 결과인지도 모른

다. 단결되지 않은 내부만큼 흔들기 좋은 상대는 없기 때문이다. 결국, 고구려는 패배했고, 당나라는 승리했다.

홀로 이세민의 당나라 군대와 맞서야 했던 안시성. 두 가지 중 한 가지만 선택해야 했다. 항복과 항전. 안시성주는 항전을 선택했다. (안시성은 중국 랴오닝성 하이청현에 있는 영성자산성으로 추정된다.)

반전이 일어났다. 당나라의 매서운 공격 앞에 무너질 것 같았던 안시성은 함락되지 않았다. 안시성에 어떤 비밀이 숨겨져 있던 것일까?

안시성주의 리더십, 백성들의 단합력도 중요한 이유였다. 이것은 이세민도 알고 있던 부분이다. 그러나 가장 큰 원인은 고구려 성곽의 견고함 때문일 것이다.

톡 튀어나온 부분이 치(雉)이다.
(출처:독립기념관)

고구려 성곽은 기본적으로 험한 산지에 만들어졌다. 그만큼 당나라 군대는 공성 무기를 효과적으로 사용하기 어려웠다. 또한, 고구려는 성곽을 튼튼하게 지어 쉽게 무너지지 않았다. 땅속에 커다란 바위가 있으면 이를 활용해 성벽을 짓는 그랭이 공법, 한 단씩 돌을 들여쌓는 굽도리 쌓기 등을 통해 성의 내구력을 높였기 때문이다. 이뿐 아니라 적군이 바로 성문으로 공격하지 못하도록 만든 이중문인 옹성(甕城)을 쌓거나 성벽 바깥으로 네모나게 튀어나온 치(雉)를 통해 적군을 효과적으로 방어했다.

645년 8월부터 시작된 당나라 군대의 안시성 공략은 결국 9월로 넘어갔다. 요동은 9월부터 추워지면서 서리가 내린다고 한다. 서리는 겨울이 다가오는 신호였다.

서리가 내리자 이세민은 초조해졌다. 겨울은 원정군에게 최악의 계절이다. 군량 보급이 쉽지 않기 때문이다. 이때 당나라에 항복했던 고연수와 고혜진이 안시성을 무시하고 평양성으로 직행하는 루트를 제안했다. 이 루트는 예전 수양제가 별동대를 보냈던 것과 일치한다.

수나라의 패배가 생각났을 것이다. 이세민은 이를 거부하고 토산을 쌓기로 했다. 안시성 벽보다 높은 토산이 완성되면 난공불락의 안시성도 쉽게 공격할 수 있을 것이라는 계산이 깔린 판단이었다. 이세민의 명령으로 토산이 건설되었다. 무려 연인원 50만 명이 동원되었다. 크기도 컸다. 토산의 정상부에만 무려 수백 명이 주둔할 수 있을 정도였다. 압도적인 크기의 토산 앞에서 안시성주와 백성들은 어떤 생각을 했을까?

영화 엿보기 3. 공든 토산도 무너지다?

중국의 막대한 물량 공세는 과거에도 유명했다. 그 대표적 사례가 토산이다. 수십만이 동원된 토산은 중국만이 할 수 있는 군사 전략일 것이다.

그런데 토산이 완성될 즈음, 일이 생겼다. 담당자 부복애가 잠깐 자리를 비웠다. 하필 이때 토산이 갑자기 안시성 쪽으로 무너져 버린 것이다. 이것을 본 안시성 군인들은 당황하지 않고 점령해 버렸다. 그리고 도리어 당나라 군대를 공격했다. 영화에서는 토산이 무너진 원인을 안시성 백성들의 희생으로 묘사하고 있지만, 실제 기록에서는 전해지지 않는 부분이다. (물론 이렇게 추측하시는 분들도 있다.)

하늘은 고구려 편이었다. 애써 쌓은 토산은 안시성 일부가 되었다. 당나라 군대는 3일 밤낮 토산을 공격했으나 실패했다. 불가능해 보였던 안시성 전투는 고구려의 승리로 끝났다.

88일간에 이르는 안시성 전투는 고구려에 전쟁을 역전시킬 수 있는 시간을 제공했다는 점에서 의미가 있다. 고구려는 안시성에서 당나라 군대를 묶을 수 있었기 때문에 주변 국가들을 동원하여 당나라를 압박할 수 있었다.

결국, 당나라 군대는 9월 18일 전면 철수하고 점령했던 지역 포로(7만 명)를 이끌고 퇴각했다. 12월 14일이 되어서야 힘겹게 당나라 태종은 태원에 도착했다. 당나라로서는 씻을 수 없는 패배였다.

이제 당나라의 고구려 침략은 끝난 것일까?

아니다. 일시적인 중단이었을 뿐이었다!

당나라 태종은 복수의 칼날을 갈았다. 과거의 실패를 교훈 삼아 647년에는 다시 고구려 원정을 재개하고자 논의하였다. 기존의 대규모 침략전쟁을 포기하고, 소규모 전투를 통해 고구려를 지속해서 공격했다.

고구려가 멸망할 당시의 인구는 69만 7천 호였다고 한다. 대략 1호당 5명을 기준으로 잡으면 약 350만 명 정도의 인구 규모였다는 것을 알 수 있다. 반면 당나라는 705년 기준으로 615만 호였다. 환산하면 3000만 명이 넘는 인구다. 전쟁을 장기적으로 수행할수록 인구의 차이가 크게 나는 고구려에 불리했다.

당나라는 648년에 다시 원정계획을 발표하고 30만 군대를 동원하고자 했다. 또한, 신라 김춘추와 외교적 협약을 맺어, 양동작전을 구상했다.

당나라의 재침입을 예상한 고구려도 나름 준비를 했다. 천리장성을 완공하였고, 돌궐, 중앙아시아의 여러 국가, 백제, 왜와 동맹을 맺어 당나라를 견제했다.

3. 영화 더 보기 (황산벌, 평양성)

안시성 전투 이후 동아시아 정세는 어떠했을까?

연개소문은 여전히 강력한 권력을 통해 고구려를 통치했다. 백제의 의자왕은 신라를 공격하며 40여 개성을 함락시켰다. 신라는 백제의 침략을 방어하기도 버거웠다.

백제가 사력을 다해 신라를 공격한 이유는 무엇이었을까?

명분과 실리 모두 있었다. 억울하게 죽은 백제 성왕의 복수를 하기 위해서는 신라가 빼앗은 한강을 되찾아야 했기 때문이다. 한강은 중요한 경제적 요충지였다.

백제의 계속된 파상공세에 신라는 고구려에 도움을 요청한다. 그러나 고구려는 옛 죽령 이북의 영토를 요구했다. 신라로서는 받아들이기 힘든 요구였다. 신라의 김춘추는 신흥제국 당나라에 도움을 요청하며, 백제와 고구려의 압박에서 벗어나고자 했다.

영화 더 보기 1. 백제 최후의 보루, 황산벌!

영화 '황산벌'
예고편

황산벌 (이준익 감독, 2003) 포스터
제작 : (주)씨네월드 배급사 : (주)씨네월드

영화 〈황산벌〉(이준익 감독, 2003)은 유쾌한 영화다. 그렇다고 가볍기만 한 영화는 결코 아니다. 삼국 간의 갈등과 당나라의 간섭, 백제의 멸망과정, 전쟁에 지친 백성들의 삶을 여러모로 담고 있다.

영화의 시작은 당시의 시대적 상황을 너무나도 잘 묘사하고 있다. 당나라, 고구려, 백제, 신라의 동아시아 국가 정상들이 한 자리에 모여 국제정세를 논의한다.

당나라 고종(당나라 태종의 아들)과 신라의 김춘추, 고구려의 연개소문과 백제 의자왕은 편을 맺고 서로를 비난한다.

당나라 고종은 백제 의자왕과 고구려 연개소문을 '악의 축'으로 규정한다. 신라 김춘추는 당 고종의 말을 거들며 백제를 비난한다. 당나라 고종은 고구려의 천리장성을 파괴하도록 지시하지만, 고구려의 연개소문은 콧방귀를 뀔 뿐이다. 나당연합과 여제동맹의 갈등 관계를 잘 보여준다. 결국, 서로의 이해관계가 충돌하면서 동아시아는 전쟁을 향해 치닫게 된다.

이 두 세력의 팽팽한 균형은 당나라의 선제공격으로 깨졌다. 당나라는 돌궐을 657년에 제압하고 658년, 659년 지속해서 고구려를 견제하며 요동지역을 공격했다. 지속적인 당나라의 공격 때문에 고구려는 백제까지 신경 쓸 겨를이 없었다.

이것을 알고 있던 당나라는 660년 3월. 13만의 군대를 백제정벌에 투입했다. 사실 백제는 방심하고 있었다.

'설마 당나라가 서해를 건너 백제를 공격하겠어?'

이러한 방심은 돌이킬 수 없는 결과를 가져왔다. 당나라는 백제의 허를 찌르며 서해를 가로질러 침공하였다.

660년 6월 21일. 신라 무열왕(김춘추)은 7월 10일까지 백제의 수도에 신라군이 오겠다고 당나라와 약속했다. 당나라는 바다를 건너 원정군을 파견한 입장이기 때문에 신라의 원활한 군량미 지원이 필요했다.

백제는 신라 김유신 부대를 반드시 막아야 했다. 백제 의자왕은 계백(박중훈 분)을 앞세워 5천 결사대를 조직했다. 계백은 결사 항전하며 신라 김유신이 이끈 5만 군대를 방어하였다.

황산벌은 백제의 운명, 더 나아가 삼국의 운명을 바꾼 전쟁이었다.

영화에서는 김유신과 계백의 대결을 '거시기와 머시기'로 재미있게 풀어내고 있다. 백제와 신라의 대결은 이준익 감독 특유의 익살스러움이 반영된 응원전, 욕 싸움, 맞짱, 인간장기로 재해석했다.

결국, 백제의 비밀 작전(거시기)이 들통나면서, 신라의 화랑 관창이 희생되고 김유신이 승리하며 영화는 끝이 난다. 계백의 패배는 백제 멸망의 결정적 기점이었다.

황산벌 전투 이후, 나당연합군은 백제의 수도 사비성을 함락했다. 도망친 의자왕을 웅진성에서 사로잡았다. 그렇게 백제는 멸망했다(660).

백제의 멸망은 고구려에도 큰 타격을 입혔다. 순망치한(脣亡齒寒)이라는 사자성어가 있다. 이해관계가 밀접한 사이를 말한다. 고구려에 백제의 멸망은 단순히 동맹국 하나가 멸망한 것 이상이었다. 백제가 망하면서 신라를 견제할 세력이 사라졌기 때문이다. 더 큰 문제는 당나라와 신라가 협공하여 고구려를 공격하기 시작한 것이다. 특히 신라가 당나라에 식량을 지원하면서 전쟁의 양상이 바뀌기 시작했다.

영화 더 보기 2. 아! 평양성. 그리고 고구려

영화'평양성'
예고편

평양성 (이준익 감독, 2011) 포스터
제작 : ㈜영화사 아침, ㈜타이거픽쳐스
배급사 : 롯데엔터테인먼트

영화 〈황산벌〉 이후 8년. 〈평양성〉이 개봉했다. 이 영화는 〈황산벌〉의 후속작이며, 백제 멸망 후 8년 뒤 역사를 다루고 있다. 〈평양성〉은 김유신(정진영 분), 거시기(이문식 분), 연남건(류승룡 분), 연남생(윤제문 분), 연남산(강하늘 분), 문무왕(황정민 분)이 등장한다.

영화 오프닝 장면은 고구려의 상황을 잘 보여준다.

문무왕은 연개소문을 바라보며 이렇게 말한다.

"백제가 망한 순간 너희 고구려는 낙동강 오리알이야!"[1]

실제 고구려의 운명이 그랬다. 낙동강 오리알.

백제가 멸망한 순간부터 당나라는 지속해서 고구려를 침략했다. 고구려는 점차 약해졌다. 수도 평양성 근처까지 당나라 군대가 주둔할 정도였다.

당나라가 이렇게 고구려를 지속해서 압박할 수 있었던 것은 신라의 군량미 제공 때문이었다. 여기다 고구려의 앞날을 어둡게 만드는 요인이 하나 더 있었다. 연개소문의 세 아들 간 내분 때문이다.

『일본서기』에 의하면 연개소문은 죽으면서 아들들에게 이런 말을 했고 한다.

"너희 형제는 물과 고기처럼 화합하여 작위를 둘러싸고 다투지 마라. 만약 그렇지 못하면 반드시 이웃 나라의 웃음거리가 될 것이다."

연개소문의 걱정은 현실이 되었다. 연개소문 사후 세 형제 간에 내분이 발생했다. 첫째 남생이 지방으로 순회 간 사이, 둘째 남건과 셋째 남산은 쿠데타를 일으켰다.

---

1) 출처: 시나리오 〈평양성〉, 롯데쇼핑(주)롯데엔터테인먼트

영화에서도 세 형제의 갈등을 희극적으로 묘사하고 있다.

남생은 당나라와의 화친을 주장하자 둘째 남건이 남생을 투석기에 넣고 당나라 진영으로 날려 버린다. 이 부분은 형제간의 갈등이 극에 달했음을 잘 묘사했다.

결국, 남생은 영토를 들고 항복하였다. 내분의 분위기는 바이러스처럼 퍼져나갔다. 연개소문의 동생 연정토는 신라에 항복했다.

이제 고구려의 영토는 평양성 주위만 남았다. 광대한 고구려 영토를 생각하면 초라할 정도로 영토가 줄어들었다.

당나라는 북쪽에서, 신라는 남쪽에서 고구려를 지속해서 공격했다.

668년 9월 21일. 결국, 평양성은 함락되었다. 성을 지키던 중 신성이 항복했기 때문이다. 전쟁 중 연개소문의 막내아들 남산마저 당나라에 항복했다. 남건만이 끝까지 저항했으나 당나라로 끌려갔다. 그렇게 고구려 역사는 끝났다.

망국 백성들의 앞날은 어두웠다. 약 2만 8천 2백여 호(15만명 가량)의 고구려인들은 강제 이주 되었다. 이후 검모잠과 안승 등이 부흥 운동을 전개하였으나 내분과 갈등으로 실패했다.

고구려 멸망 후, 영화 속 김유신의 말처럼 신라와 당나라는 한반도의 패권을 위해 싸웠다. 당나라는 백제와 고구려를 멸망시키면서 신라까지 차지하려는 야욕을 부렸기 때문이다. 하지만 신라는 나당연합을 통해 당나라의 주요한 전략과 무기를 학습하며 당나라에 승리했다. 신라의 장창병과 여러 무기는 당나라의 무기와 전술을 학습한 것이었기 때문이다. 신라는 매소성, 기벌포에서 당나라 군대를 격파하며 삼국을 통일했다 (676).

4. 만약에 한국사

역사에는 '만약'이 없다고 하지만 '만약'이 의미가 없는 것은 아니다. 만약은 역사를 다양하게 바라볼 수 있어 역사적 상상력과 탐구력을 키울 수 있기 때문이다.

만약에 한국사 1. 계백이 김유신을 무찔렀다면?

1. 나당연합군은 약해졌을 것이다.
2. 백제는 이때, 멸망하지 않았을 것이다.
3. 백제의 동맹군이 연합하여 신라를 멸망시켰을 것이다.

나당연합, 백제의 내부, 백제의 동맹국 상황을 중심으로 계백이 김유신 군대를 격파했을 경우를 상상해보자.

첫 번째, 나당연합은 어떻게 되었을까?

당시 김유신 군대의 역할 중 하나는 제한된 시간 내에 신속히 당나라에 군량미를 제공하는 것이었다. 그런데 김유신 부대가 황산벌 전투에서 패배했다면, 신속한 군량미 제공은 어려웠을 것이다. 군량미가 부족한 당나라의 13만 대군은 장기간 백제에서 주둔하기 힘들었을 것이다. 이것은 고구려를 침략했던 과거 사례를 통해서도 알 수 있다. 군량미가 부족한 당나라는 퇴각했을 가능성이 크다. 이후 나·당 연합의 관계는 약화 되거나, 일방적으로 당나라가 신라를 통제했을 것이다.

동상이몽(同床異夢). 나·당 연합의 본질이다. 신라의 일차적 목표는 백제였다. 반면 당나라의 목표는 고구려였다. 당나라가 백제를 공격한 것은 신라의 요청 때문이었다. 전략적으로는 고구려의 후방을 신라와 함께 협공하려는 조치였다. 신라는 당나라에 존재감을 지속해서 보여줘야 했다. 신라 혼자서 백제를 상대할 수 없기 때문이다. 또 당나라는 신라를 항상 2,3류 국가로 취급했다. 잘못하면 신라는 당나라의 속국이 될 수도 있었다.

실제로 그랬다. 황산벌 전투로 인해 신라의 군량미 전달이 하루 늦었다. 그러자 당나라는 신라를 꾸짖고 나당연합의 주도권을 장악하려 했다. 만약 김유신의 부대가 계백의 방어선을 뚫지 못했다면, 당나라에 있어 신라의 존재가치는 더욱더 낮아졌을 것이다.

두 번째, 백제의 군사력과 중앙통제력의 수준은 어땠을까?

『구당서』에서는 백제 멸망 당시 인구를 76만 호, 『삼국유사』는 6세기 후반 백제의 인구를 16만 호로 기록하고 있다. 이 시기, 한 호당 대략 5명으로 보기 때문에, 백제 인구는 최소 100만 명 ~ 400만 명가량으로 추정된다. 인구대비 군사 차출 가능 비율은 대략 5:1 정도다. 백제는 20만~100만 명의 군대 동원이 가능한 국력을 가진 국가였다.

이 군사들은 성왕의 5 방제로 편성으로 효율적인 동원이 가능해졌다. 이용빈의 『백제 지방통치제도 연구』에 의하면, 각 방의 방령(方領)들은 6~10개의 군대 동원이 가능했으며, 병력으로 환산하면 7천~1만 정도였다고 한다.

계백이 김유신 부대를 격퇴했다면, 각 지방의 군사들을 동원하여 나당연합군에 반격을 가했을 것이다. 군사적 기반이 충분하기 때문이다. 백제에 필요했던 것은 군대를 소집할 수 있는 시간이었다.

백제의 군사적 여력은 부흥 운동을 통해서도 확인할 수 있다. 흑치상지, 도침, 복신, 부여풍, 지수신 등의 활약은 실로 대단했다. 그들은 임존성과 주류성을 근거지로 하여 나·당 연합군을 괴롭혔다. 부흥 운동을 주도했던 흑치상지가 10일 만에 모은 군대 수도 3만에 달한다. 부흥 운동군은 순식간에 백제 200여 성을 회복했다.

세 번째는 백제 동맹군의 지원이다.

백제가 멸망하자 백제의 지배층들은 고구려, 왜국에 사신을 보내며 군사를 요청했다. 왜국은 군대를 보내 백제 부흥 운동군을 지원했으나, 백강구 전투에서 대패하고 말았다. 부여풍과 지수신은 고구려로 도망쳤다. 만약 백제가 장기간 저항했다면, 고구려와 왜국의 백제 동맹국들은 전쟁에 적극적으로 참전했을 것이다.

이러한 3가지 상황을 종합하였을 때, 계백이 김유신의 군대를 막았다면 군량미 부족으로 당나라 군대는 퇴각했을 것이다.

전열을 가다듬은 백제와 고구려, 왜국의 연합군은 도리어 신라를 공격했을 것이다.

'만약에'를 통해서 백제 5천 결사대가 얼마나 중요한 존재였는지 깨닫게 된다. 5천 결사대의 패배는 사실상 백제, 고구려 멸망의 시발점이었다.

만약에 한국사 2. 고대사를 소재로 영화를 만든다면?

고대사를 소재로 제작된 영화는 많지 않다. 시대도 7세기경으로 치우쳐 있다. 제한된 자료라도 재미있는 상상력과 만나면 뛰어난 영화가 제작될 수 있다. 역사가 지닌 스토리텔링의 힘이다.

> 1. 복수 삼부작 – 근초고왕과 고국원왕, 장수왕과 개로왕,
>   성왕과 진흥왕
> 2. 가야사 – 허황옥과 김수로의 만남
> 3. 인물사 – 연개소문, 온달, 김유신, 흑치상지
> 4. 전쟁사 – 살수대첩, 밀우와 유유, 설씨녀 설화, 화랑
> 5. 문화사 – 칠지도, 황룡사 9층 목탑, 금동대향로, 불국사

먼저, 복수 삼부작을 계획할 수 있다.

백제 근초고왕과 고구려 고국원왕의 대결, 장수왕과 개로왕의 대결, 백제 성왕과 신라 진흥왕의 대결을 중심으로 각 국가의 입장, 첩보, 전쟁 양상을 영화로 제작할 수 있다.

삼국의 얽히고 설킨 복수를 공통 테마로 시리즈화 시킬 수 있을 것이다.

두 번째, 가야사는 그동안 많이 무시되었다. 그만큼 영화로 만들기 좋다. 금관가야 건국설화가 대표적이다.

인도 아유타야 공주 허황옥과 금관가야의 시조 김수로의 만남 과정을 그린 로맨스 영화도 좋을 것이다. 허황옥의 이동 경로를 다양한 모험과

연결할 수도 있다. 김수로왕과 만남 과정을 어드벤쳐 형식의 영화로 제작할 수 있다. 허황옥의 삶을 다룬 소설도 출간되었다. (『가야국의 국모 허황후』, 김쌍주 지음)

세 번째는 유명한 삼국시대 역사 장군들의 이야기다.

연개소문, 온달, 김유신, 흑치상지가 대표적이다. 그들의 삶을 통해 7세기 동아시아의 상황을 역동적으로 그려낼 수 있다. 각 국가를 대표하는 굵직한 영웅들이다. 특히 흑치상지는 그동안 잘 다뤄지지 않았다. 임존성에서 백제 부흥 운동을 주도했던 인물이지만 당나라에서 생을 마감했다. 흑치상지를 통해 백제 멸망과 부흥 운동, 백제 유민의 삶 등을 모두 담아낼 수 있다.

네 번째는 전쟁영화다. 〈안시성〉과 유사한 형태로 제작할 수 있다. 대표적인 소재는 살수대첩이다. 엄청난 규모의 수나라 대군의 위용과 을지문덕의 활약상을 영화적 표현력으로 재현할 수 있다. 살수대첩을 준비하는 을지문덕의 고뇌를 담을 수도 있다. 살수대첩 진행 과정은 기록이 거의 없다. 영화의 상상력을 통해 한국형 역사 전쟁영화의 제작을 기대해 본다.

밀우와 유유는 고구려 동천왕 때의 장수들이다. 위나라 관구검이 침략하자, 동천왕을 살리기 위해 목숨을 바쳤다. 왕을 살리기 위한 지략과 헌신의 자세를 영화로 제작할 수 있다.

전쟁 속 로맨스를 그린 영화도 가능하다.

사랑하는 여인의 아버지를 대신해 군 복무를 했던 설씨녀 설화가 대표적이다. 전쟁이 빈번했던 삼국시대, 나이 많은 설 씨의 아버지는 군대에 차출되었다. 평소 설씨를 사랑했던 가실은 설씨 아버지 대신 입대를 하게 되었다. 결혼을 약속하고서 말이다.

하지만 6년이 지나도 소식이 없자, 설 씨는 새로운 사람과 결혼을 해야 할 처지였다. 이때 가실이 나타나 설 씨와 결혼하게 된다는 내용이다.

당시 삼국시대 사람들의 삶을 반영하며, 군대라는 소재는 현재에도 통용되는 주제다. 현대적으로 재해석해서 현대물로 가공한 영화로 제작할 수 있다.

또 화랑을 소재로 화랑들 사이의 우정, 모험, 전쟁을 다룰 수 있다. 신라의 유명인 모두 화랑 출신이라는 말이 있다. 위서 논란이 있지만 『화랑세기』 속 화랑들의 삶은 매력적이다. 화랑들의 삶을 다룬 영화는 다양한 형태로 영화화할 수 있다.

다섯 번째, 문화사다.

우리 역사 속 문화재(칠지도, 황룡사 9층 목탑, 금동대향로, 불국사와 삼층석탑)에 담긴 스토리텔링을 활용할 수 있다.

대표적으로 어떠한 유물을 통해 타임슬립 하는 형태의 영화다. 문화재는 시대를 반영한다. 칠지도는 백제와의 관계를 보여주는 유산이다.

칠지도를 통해 당시 백제의 왕이나 장군이 되어 여러 사건을 만나 해결하는 형식의 판타지 영화도 가능하다. 삼국시대는 다양한 이야기가 숨겨져 있는 보물단지다.

그동안 삼국시대를 다룬 영화가 많이 없었기 때문에, 기본적으로 사람들의 호기심을 자극한다.

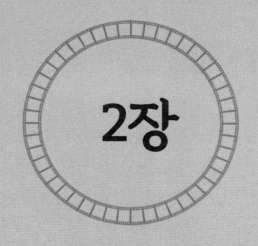

2장

신과 함께 - 인과 연

쌍화점

2장

〈신과 함께-인과 연〉, 〈쌍화점〉

개방적이고 역동적인 고려와 함께

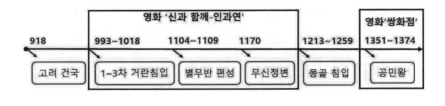

1. 영화 '신과 함께-인과 연' 알아보기

영화 〈신과 함께-인과 연〉(2018, 김용화)은 〈신과 함께-죄와 벌〉의 후속작이다. 원작은 주호민 작가의 웹툰 '신과 함께'이다.

1편에 해당하는 〈신과 함께-죄와 벌〉에서는 귀인 자홍(차태현 분)의 삶을 통해 저승세계의 재판 과정을 다뤘다.

후속작인 〈신과 함께-인과 연〉은 차사 강림(하정우 분)과 해원맥(주지훈 분), 덕춘(김향기 분)의 전생 이야기를 다루고 있다. 이들이 살았던 전생은 고려 시대다.

영화 '신과 함
께-인과 연'
예고편

신과 함께 '인과 연' (김용화 감독, 2018) 포스터
제작사 : 리얼라이즈 픽쳐스, 덱스터 스튜디오
배급사 : 롯데엔터테인먼트, Well Go USA

고려사를 전공한 박종기 교수는 그의 저서 『고려사의 재발견』에서 고려를 '다양한 이념과 국가 간의 대립, 갈등을 뛰어넘어 여러 인종과 문화, 사상을 공존'시킨 국가로 설명하고 있다.

그래서 고려는 한반도 역사상 가장 개방적이고 역동적인 시대로 평가

한다.

이것은 맞다. 고려 주변의 거란-여진-몽골-명, 왜구, 홍건적 등은 고려를 호시탐탐 노렸다. 그 어느 때 보다 외교력이 중요했다. 고려는 실리적인 외교정책을 통해 정체성을 유지하며 독자적인 문화를 꽃피울 수 있었다.

국내 지배층의 교체도 잦았다. 삼국 시대처럼 특정 귀족들이 정권을 장악하거나, 조선 시대처럼 유학자들이 정치를 독점하지도 않았다. 호족-문벌귀족-무신-권문세족-신진사대부의 성격이 다른 지배층들이 고려를 통치했다.

영화는 고려 시대를 배경으로 하여 주인공들의 전생을 연결하였다. 어떠한 부분들이 소재로 사용되었을까?

2. 영화 '신과 함께-인과 연' 엿보기

절대 강자가 없던 시대. 10세기~12세기 동아시아. 중국의 송나라, 북방의 거란(요)과 여진(금)은 동아시아 패권을 장악하기 위해 경쟁했다. 이 복잡한 국가들 사이에서 신생국가 고려는 굴복과 실리 사이에서 고민해야 했다.

고려는 어느 특정 세력의 편을 드는 것이 아니라, 상황에 맞게 실리 외교를 펼쳐 나갔다. 이 실리 외교는 어떤 국가나 할 수 있는 것이 아니다. 다른 국가들의 동의를 얻을 힘이 필요하다. 고려는 이러한 힘을 가진 국가였다.

영화 엿보기 1. '고려'라는 이름의 무게

영화 엿보기 2. 강림의 별무반이 거란과 싸웠다고?

영화 엿보기 3. 해원맥은 무신정권 최고의 무사가 될 수 없다?

영화 엿보기 1. '고려'라는 이름의 무게

"아버지는 별무반의 수장이자 대거란군 총사령관 강문직 대장군이셨다."[2]

차사 강림(하정우 분)의 전생이 밝혀지는 순간이다. 대거란군 총사령관의 아들이었던 강림.

'별무반', '대거란군 총사령관'의 단어들을 눈여겨보자.

강림이 회상한 전생 중 하나가 고려의 삼교천 승리이다. 실제로 역사 속에서 고려가 삼교천전쟁에서 거란에 승리한 적이 있었을까?

거란은 고려를 3차에 걸쳐 침략했다(993년, 1010년, 1019년).

삼교천 전투는 3차 거란 침입 당시 일어난 전투 중 하나였다. 거란은 고려를 대규모로 침략했고, 고려는 효율적으로 방어했다. 과거 수·당나라의 고구려 침략이 떠오르지 않는가? 고구려라는 이름을 물려받은 '고려'의 숙명이자, 이름의 무게다. 물론 고려는 고구려를 계승한 국가답게 모두 승리했다.

그렇다면 여기서 의문이 생긴다.

왜 거란은 3번에 걸쳐 고려를 침략했던 것일까?

---

2) 출처 : 시나리오 〈신과 함께 '인과 연'〉, 롯데엔터테인먼트, Well Go USA

당시 동북아시아의 혼란했던 상황으로 들어가 보자.

영원한 국가는 절대 없다. 그리고 이것은 당나라도 마찬가지였다. 907년, 당나라의 영광은 끝났다. 당나라 멸망 후 중국은 5대 10국의 시대였다.

이 시대는 그야말로 약육강식의 시대였다. 주변의 유목민족들은 중국의 혼란을 틈탔다. 호시탐탐 중국을 노리며 영토를 확장했다. 거란이 대표적이다.

거란족, 그들은 누구인가? 몽골족 계통의 선비족 일파로서 요하 상류 시라무렌강에 살았다.

거란족은 순식간에 동북아시아의 강자가 되었다.

거란족 질라부의 족장 츄에리(야율 아보기)는 여러 족장을 암살하고, 텡글리칸(천가한)으로 즉위하며 하나의 국가로 발전했다.

족장 츄에리는 야율 아보기로 불린다. 그의 성(姓)은 '야율'이다. 이름 '아보기'는 거란어 아부치를 음차한 것이다. 아보기는 '약탈자'를 의미한다.

그의 아들 야율 덕광 때에는 중국 일부를 차지하기도 했다. 만리장성을 넘어 5대 10국 중의 하나였던 후진을 멸망시킨 것이다. 이 지역은 현재 북경지역이며, '연운 16주'로 불린다. 이후 거란은 국호를 요(遼)로 정하며 동아시아의 강국으로 떠올랐다(947).

우리 역사 속에서 거란족과의 관계는 모두 좋지 않았다.

첫 만남부터 전쟁이었다. 거란족은 378년(소수림왕 8년) 고구려의 북쪽을 습격하여 백성들을 빼앗아 갔다. 927년에는 발해를 멸망시켰다.

그런데 거란은 고려와 좋은 관계를 유지하고 싶었나 보다. 후삼국을 통일한 고려에 평화의 사신을 보낸 것이다. 낙타 50마리와 함께!

고려 왕건은 단호했다. 낙타들을 굶겨 죽이며, 거란을 금수(禽獸)의 나라로 규정했다. 왕건의 강경한 반응은 발해 유민을 의식한 행동이었을 것이다. 어쩌면 이때부터 거란과의 전쟁은 예고된 것인지 모르겠다.

960년, 조광윤은 송나라를 건국했다. 동아시아 패권 경쟁이 과열되었다. 고려는 송나라를 선택하며, 사신을 파견했다. 거란은 송나라가 신경 쓰이기 시작했다. 특히 송나라가 고려와 협공할 것이 두려웠다. 실제로 송나라는 고려와 협공하여 거란을 공격하려고 시도했던 적도 있다(985). 송나라로서는 '연운 16주'를 차지한 거란이 부담스러워지기 때문이다.

하지만 고려는 송나라의 협공 제안을 거절했다. 왜냐하면, 고려 내부 사정 때문이다. 당시 고려는 왕권이 약했다. 기본적으로 고려는 호족

연합정권이었기 때문이다. 많은 호족은 여전히 자신들의 세력을 유지하려고 했다. 자연스럽게 국가 차원의 정예병 양성도 쉽지 않았다. 건국 후 50여 년이 지난 성종(981~997) 때 가서야 겨우 지방에 12목을 설치할 수 있을 정도였다. 남을 도와줄 여유 따윈 없었다.

거란은 고려가 자신의 편에 서지 않을 것을 알았다. 선물을 굶겨 죽일 정도였으면, 누구도 알 수 있었을 테지만.

993년. 거란은 고려를 침입했다(1차 침입). 거란의 소손녕은 80만 대군을 동원했다고 엄포를 놓으며, 무섭게 고려를 향해 남하했다. 당시 고려는 전혀 전쟁 준비가 안 된 상황이었다. 겨우 전쟁 발발 2개월이 지나서야 군대를 모았을 정도였다.

그런데 이상한 일이 발생했다. 더 이상 거란군이 남하하지 않는 것이다. 고려의 저항도 심하지 않은 상황이었다.

왜 거란은 남하하지 않은 것일까?

고려왕 성종은 서경(평양성)까지 올라가 상황을 주시했다. 당시 고려 조정은 땅을 주고 항복할 것에 대해 논의하고 있었다. 아무도 고려의 승리를 기대하지 않은 이때, 서희가 한마디 한다. 영웅은 위기에 빛나는 법이다.

서희는 고려가 거란에 항복해야 한다는 주장을 비판한다. 소손녕의 의도를 이야기하며, 자신에게 힘을 몰아달라고 이야기한다. 그러나 다른 신하들은 두려움에 떨며 서희를 비웃었다.

이때, 반전이 일어났다. 고려군이 안융진에서 거란군을 격퇴한 것이다. 아무도 기대하지 않았던 일이었다. 사람은 두려움을 극복할 때 평소보다 더 용감해진다. 거란은 더 이상 두려운 존재가 아니었다. 상황은 바뀌었다. 서희의 주장에 힘이 실리기 시작한 것이다. 고려는 항복론에서 강화론으로 선회했다.

서희는 소손녕을 찾아갔다. 분위기는 험악했다. 소손녕은 두 가지 논리로 고려를 비난하며, 자신의 침략을 정당화했다.

첫 번째, 거란이 고구려의 옛 땅을 차지했다는데 신라를 계승한 고려가 고구려의 옛 땅을 공격했다는 점.

두 번째, 고려가 송나라와만 친하게 지내는 것이다.

서희는 내심 웃었을 것이다. 소손녕의 속이 보였기 때문이다. 사실, 거란의 속셈은 송나라를 침략하기 전에 후방을 안정시키는 것이었다. 즉 뒤에서 거란을 공격하지 말라는 경고성 군사 행동이었다. 소손녕의 부대는 80만에 달하는 대병력도 아니었다. 대략 6~8만 정도였다. 허세였다. 또 고려의 땅과 지형은 거란군이 쉽게 공격하기 어려웠다. 산이 많아 기병으로 공격하기 쉽지 않았다. 점령한 지역을 유지하기도 어려웠다.

서희는 소손녕의 의도와 상황을 정확히 파악하고 있었다. 서희는 차분하면서도 강하게 말했다.

고려는 고구려를 계승한 국가라는 점. 거란과 친하게 지내고 싶지만, 여진족이 길을 막고 있어 거란과 교류하지 못했다는 것을 이야기했다. 즉 고려가 거란과 좋은 관계를 유지하고 싶지만, 여진족이 문제라는 것을 은연중 드러낸 것이다. 이 문제를 해결하면 거란의 요구를 고려가 받아들인다는 의미이기도 하다. 소손녕은 서희의 역제안을 수용했다. 그의 목표를 달성했기 때문이다. 고려가 거란을 공격할 의지가 없다는 것을 확인했기 때문이다.

서희는 이 담판을 통해 몇 가지 실질적인 이득을 얻었다.

고구려의 계승국이라는 점, 여진족을 공격할 수 있는 명분을 쌓았다는 점. 그리고 이러한 사항들을 강대국 거란으로부터 인정받았다는 것이다.

거란과 고려 모두 목표했던 바를 이루었다. 특히 고려가 챙긴 부분이 많았다. 고구려의 후예로 인정받고, 강동 6주도 획득하여 영토를 확장할 수 있었기 때문이다. 명예와 실리 모두 챙긴 것이다. 외교는 이렇게 하는 것이다.

고려는 서희의 담판 이후 꾸준히 강동 6주를 확보하며 영토를 요새화했다. 거란은 목적을 달성하면 다시, 고려를 침략할 것이기 때문이다. 강동 6주의 요새화는 고려의 국방력 향상에 큰 도움이 되었다. 고려는 거란과 약속했던 송나라와의 관계는 단절하지 않았다. 그렇다고 거란에 항복하지도 않았다.

거란은 이후 송나라와 전면전을 벌였다. 결과는 거란의 대승이었다. 송나라를 굴복시키면서 위세를 드높인 거란은 다시 고려를 재침입할 계획을 세운다. 이미 예고된 전쟁이었다.

1010년, 거란 황제 성종은 최정예병 40만을 이끌고 친정에 나섰다. 이전 소손녕의 군대보다 모든 면에서 앞서는 군대였다. 거란의 군대는 세계 최강이었다. 탁월한 기병을 바탕으로 한 기마 전술은 유명했다. 거란의 기마병은 다양한 무기를 가지고 있는 무기계의 멀티 플레이어였다. 이 군사를 황제가 직접 이끌고 고려를 침공한 것이다.

1차 거란 침입의 영웅, 서희는 998년에 사망했다. 전쟁의 흐름을 고려로 바꿀 수 있는 자가 없었다. 심지어 고려 총사령관 강조의 30만 대군은 거란에 대패했다. 강조는 거란의 손에 죽었다.

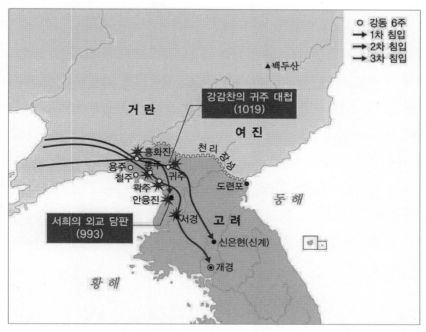

강동 6주는 고려의 든든한 방어막이 되었다.
(출처:금성『한국사』교과서)

파죽지세(破竹之勢), 거란의 이동속도는 빨랐다. 달리고 달리며, 고려 수도 개경을 향해 진격했다. 이때는 12월이었다. 혹독한 겨울이었지만 거란을 막을 수 없었다. 고려왕 현종은 수행원 50명만을 이끌고 도망 쳤어야 할 정도로 매우 급했고, 고려는 위기였다.

결국, 고려의 수도 개경은 함락당했다. 수만 명의 고려인들은 포로가 되었다. 전쟁은 거란의 승리로 끝난 것처럼 보였다. 하지만 거란의 진 정한 상대는 따로 있었다. 바로 추위와 배고픔이었다.

고려왕 현종을 잡지 못했기 때문에 거란은 철수를 선택할 수밖에 없었다. 빠르게 남하한 만큼 국경의 고려 성들을 점령하지 못했기 때문이다. 양쪽에서 협공당할까 두려웠을 것이다. 화려한 승리 뒤 초라한 퇴각이었다. 공격은 쉬워도 퇴각하는 것은 어려웠다. 고려는 퇴각하는 거란의 후방을 기습하며, 거란을 괴롭혔다. 압록강을 건너기 직전 흥화진에서는 5만 명의 거란군이 공격을 받아 큰 피해를 볼 정도였다. 거란 황제까지 직접 전쟁에 참여했으나 성과는 없었다. 결국, 거란은 고려의 항복을 받지 못했다.

다시 군사를 정비한 거란은 3차 침입을 단행한다(1018). 총사령관은 소배압이었다. 그러나 고려는 철저히 준비하고 있었다. 그 결과 고려는 흥화진 삼교천에서 승리할 수 있었다. 흥화진 삼교천 전투는 어떤 전투였을까?

"큰 동아줄을 소가죽을 꿰어서 성 동쪽의 큰 냇물을 막고 그들을 기다렸다. 적들이 오자 막아 놓았던 물줄기를 터놓고 복병을 돌격시켜 크게 패배시켰다." 『고려사』

이 작전을 주도한 인물이 강감찬이다. 강감찬 장군은 흥화진 삼교천에서 미리 군사들을 준비하여 지형의 특징을 파악해 거란을 격파했다. 하지만 소배압은 남은 병력을 이끌고 개경을 향해 진격했다. 그러나 2차 침입과 마찬가지로 퇴각할 수밖에 없었다. 개경 근처 금교역 전투에서 패배했고, 식량도 부족했기 때문이다.

강감찬은 도망가는 거란군을 추격하여 귀주성에서 대승을 거두었다. 그 유명한 귀주대첩이다. 귀주대첩 이후 거란은 고려를 인정할 수밖에 없었다.

영화 〈신과 함께-인과 연〉은 흥화진 삼교천 전투와 강감찬 장군의 활약상을 가상의 인물 강문직 장군의 업적으로 만들었다.

거란의 침입에 맞선 고려의 활약상을 보면, 이런 생각이 든다. 고려는 고구려가 지닌 이름의 무게를 잘 이해하고 있던 국가였다. '고려'는 이름값을 했다. 그리고 이러한 이름의 무게는 이후 고려의 역사 곳곳에 남아, 고려의 자긍심이 되었다.

만약 고려가 1차 거란의 침입에 순순히 항복했다면, 우리 역사는 달라졌을 것이다. 1차 거란 침입에 승리했기 때문에, 고려는 3차 거란 침입에서도 대승을 거둘 수 있었다.

과거의 유산은 누구나 받을 수 있다. 하지만 그 무게를 이해하지 못한다면, 지킬 수 없다.

영화 속 강림도 마찬가지다. 강림은 아버지가 가지고 있었던 총사령관의 무게를 잘 견뎌냈을까?

영화 엿보기 2. 강림의 별무반이 거란과 싸웠다고?

'당연(當然)'이라는 단어가 있다. 국어사전에는 '일의 앞뒤 사정을 놓고 볼 때 마땅히 그러하다.'라는 의미로 풀이한다. 그러나 이 단어는 사실 주관적이다. 누구의 기준에 따라 당연한 일은 당연하지 않은 일이 되기 때문이다.

"아버지는 자신을 이어 나를 별무반의 대장군으로 삼으려고 하셨지"[3]

---

3) 출처 : 시나리오 〈신과 함께-'인과 연'〉, 롯데엔터테인먼트, Well Go USA

대거란군의 총사령관의 아들이었던 강림은 자신이 정당한 별무반의 대장군이었다고 말한다. 그에게 있어 아버지의 관직과 직책을 그대로 계승한 것이 너무나도 '당연'한 일이었을 것이다.

하지만, 아버지 강문직 장군은 '당연'하지 않았다. 그는 혈통보다 능력을 중시했다. 자신의 직책을 양아들 해원맥에게 물려주고자 했다. 부자의 달랐던 마음은 영화 속 비극의 서막이 된다. 이 대사 속에서 우리가 발견할 수 있는 역사 키워드는 '별무반'이다.

영화에서는 별무반이 거란족과 싸운 것으로 나온다. 하지만 별무반의 실제 적군은 여진족이었다. 이들은 어떤 민족이었을까?

여진족을 부르는 호칭은 시기별로 다르다. 숙신, 말갈로도 불렸다. 우리 민족과도 깊은 관련이 있다. 고구려와 발해에 복속되기도 했으며, 고려 시대 초기에는 고려를 부모의 나라로 섬기기도 하였다. 고려 시대의 여진족 중 어떤 부족은 조상이 신라인이라고도 말했을 정도다. 물론 여진족은 여러 민족을 통칭하는 용어이기 때문에 우리나라와 좋은 관계를 유지한 여진족도 있지만, 대립적인 관계를 유지한 여진족도 많았다.

그중 하나가 하얼빈지역에 살았던 완안부였다. 이들이 세력을 키워 두만강 유역을 압박했고, 고려와 전쟁을 치렀다. 그러나 예상과 다르게 완안부의 여진족이 승리했다(1104).

충격적이었나 보다. 윤관은 전쟁 패배의 원인을 기병으로 꼽았다. 당시 고려군은 삼국 시대 군대보다 보병전력이 증가하여 궁수와 노수의 비중이 높았다.

그러나 여진족의 중장기병에게는 잘 통하지 않는다. 특히 여진족의 괴자마라는 전술에 속수무책으로 당했다. 괴자마는 기마 3필을 한 팀으로 묶어 상대방을 향해 돌격해, 공격력을 극대화하는 전술이다. 방어력도 높았다. 각 기마는 갑옷을 껴입었기 때문이다. 지금 탱크와 유사한 역할을 했다.

강력한 여진족의 군대를 막기 위해, 고려는 별무반을 만들었다. 별무반은 고려 총력체제의 상징이라고 할 수 있다. 별무반은 신기군, 항마군, 신보군 등으로 구성된 부대였는데 신기군은 경제적 여유가 있는 신분으로 구성되었다. 기본적으로 말이 2필 이상 필요했기 때문이다. 유럽의 기사단을 떠올리면 된다.

반면 경제력 여유가 없는 신분과 계층은 신보군으로 편성되었다. 항마군은 절의 스님들로 구성된 부대다. 고려 시대의 절은 강력한 경제력과 무력기반을 갖춘 집단이기도 했다. 자체적인 방어를 위해 무승을 키웠기 때문이다. 중국의 소림사와 같다고 생각하면 된다.

이렇게 각 신분과 계층을 선발하여 만든 별무반은 체계적인 여진 정벌을 위한 군대라 할 수 있다. 1107년(예종 2), 윤관의 지휘 아래 17만 명의 별무반은 여진족을 공격하고 동북 9성을 쌓았다. 동북 9성과 별무반에 관한 내용은 영화의 소재로도 사용되었다.

영화 속 강문직 장군은 양아들 해원맥에게 이렇게 말한다.

"아들아 내일 동북 9성 … 여진과의 마지막 싸움이 될 것이다."[4]

그리고 해원맥과 함께 공험진 전투에 참여했으나 패배하고 강문직 장군은 전장에서 죽음을 맞이했다. 영화에서는 5만의 별무반도 그때 상실한 것으로 나온다. 이것을 빌미로 강림은 동생 해원맥을 국경으로 쫓아낸다.

다시 역사 속으로 들어가 정리해 보자. 그렇다면 동북 9성의 위치는

---

4) 출처 : 시나리오 〈신과 함께 '인과 연'〉, 롯데엔터테인먼트, Well Go USA

아직도 논란이 많다.

여러 가지 설이 있다. 함흥평야 일대, 길주 이남, 두만강 유역, 두만강 이북까지 다양하다. 세종대왕은 4군 6진을 개척하면서 동북 9성을 두만강 지역으로 봤다. 4군 6진 개척의 정당성을 찾기 위함이다. 실학자들은 주로 길주 이남설을 주장했고 일본 학자들은 함흥평야 일대설을 주장했다.

별무반은 강했다. 그러나 여진족은 끈질겼다.

여진족의 아골타는 게릴라 전법으로 동북 9성을 지속해서 공격했다. 한편으로는 화해를 요청하며 고려를 흔들었다. 동북 9성은 방어하기에 좋지 못한 지형에 세워졌기 때문에 결국 1109년 고려는 동북 9성을 공식적으로 포기하고 퇴각했다. 이후 별무반에 대한 기록은 역사에서 사라졌다.

별무반은 고려의 특수부대였다. 그리고 17만 명에 달하는 대병력이었기 때문에 유지하기 어려웠다. 군대는 소비조직이기 때문이다. 그러한 면에서 영화에서 나오는 것처럼 거란을 공격하고 여진족을 정벌하는 등의 작전을 오랫동안 수행하는 것은 상황상 어렵다. 또한, 삼교천 전투가 있고 동북 9성을 위해 여진 정벌을 했던 시간은 거의 100년의 차이가 발생한다. 시간상으로도 어긋난다.

역사적으로 본다면 대거란군 총사령관은 별무반의 수장이 될 수 없다. 그래서 강림은 별무반의 대장군이 될 수 없다. 100년간의 사건을 영화의 소재에 맞게 연결한 것이다. 거란 혹은 여진 중 하나만 선택해서 영화 스토리를 구성했다면 더 자연스러운 전개가 되었을 것이다.

영화 엿보기 3. 해원맥은 무신시대 최고의 무사가 될 수 없다?

영화 〈신과 함께-인과 연〉에는 주인공들의 전생을 모두 알고 있는 인물이 한 명 등장한다. 바로 성주신(마동석 분)이다. 성주신은 해원맥의 전생을 무인 정권 최고의 무사로 소개했다.

이 말을 들은 해원맥은 득의양양하며, 거만한 자세를 취한다. 자신의 전생이 유명한 장군이자, 최고의 무사였다고 하는데 싫어할 사람이 어디 있을까.

물론 이러한 설정은 해원맥의 뛰어난 무술 실력을 강조한 것이지만 역사적으로는(무인 정권에 대한 내용을 역사적인 무신정권으로 해석할 경우) 무신정권과 연결된다.

실제 역사적 시간으로 본다면, 해원맥은 무신정권 최고의 무사가 될 수 없다. 왜냐하면, 해원맥은 별무반에서도 활약했기 때문이다. 별무반과 무신정권의 성립 사이에는 상당한 시간 차이가 있다.

무신정권은 무신정변이 발생하는 1170년(의종 24년)부터 고려가 몽골에 항복하는 1270년(원종 11년)까지의 시기이다. 최소 60여 년부터 최대 160여 년의 시간 차이가 발생한다.

그러므로 해원맥은 무신정권 최고의 무사가 될 수 없다.

다시 역사 속으로 들어와서, 무신정권은 왜 생겨난 것일까?

아이러니하지만 여진과의 전쟁이 끝났기 때문이다. 군인의 존재 이유는 전쟁이다. 거란과 여진으로 이어지는 오랜 기간의 전쟁은 고려에서 군대가 꼭 필요한 존재였음을 깨닫게 했다. 하지만 여진과의 전쟁이 끝나고 사대관계를 맺으면서 평화가 찾아왔다.

평화의 시대! 군인의 대우를 전쟁 시기처럼 할 필요가 있을까? 라고 지배층들은 생각한 듯 싶다. 고려 지배층은 당시 호족세력 중 중앙에 진출한 세력들이 왕실과 폐쇄적인 혼인 관계를 맺고 정치적으로는 음서제를 통해 권력을 독점했다. 공음전을 통해서는 경제적 풍요로움을 자손에게까지 상속시킬 수 있었다. 역사에서 이들을 가리켜 문벌귀족이라 한다.

대표적인 인물이 바로 이자겸이다. 그는 왕실과의 겹사돈을 통해 자신의 세력을 키웠다. 이자겸은 고려왕 예종에게 딸을 출가시켰으며 3, 4번째 딸도 자신의 외손자(고려왕 인조)에게 결혼을 시킬 정도였다.

그들만의 리그. 문벌귀족이 그랬다. 무신들은 처우가 점점 낮아졌다. 자존심 하나로 먹고사는 사람들이 있다. 그런 사람들에게 무시는 죽음보다 큰일이다. 무신정변이 발생할 당시가 그랬다. 문벌귀족은 무신을 무시했다. 고려왕 의종은 무신을 자신의 경호원이나 놀이대상으로 여길 뿐이었다.

상처 입은 사자가 무서운 것은 모든 여력을 다해 물어버리기 때문이다. 무신은 상처 입은 사자였다. 그들은 세상을 뒤엎기로 한다.

1170년, 그날이 왔다. 의종은 보현원으로 놀러 갔다. 정중부, 이의방을 대표로 하는 무신들은 난을 일으켜 문벌귀족을 제거하고 왕을 폐위시켰다.

얼마나 통쾌했을까? 평소 자신을 비웃거나 깔보던 문벌귀족들이 고개를 숙이고 비는 모습. 무신들은 속이 다 시원했을 것이다. 그러나 딱 거기까지다. 그들은 국가운영의 비전도, 목적도 없었다. 거기다 욕심은 많았다. 갑자기 권력을 장악한 무신들은 우왕좌왕했다. 서로가 서로를 죽이며 권력을 장악했다.

결국, 최충헌이 권력을 장악하면서, 무신정권은 오랜만의 평화로운 시간을 맞이한다. 그러나 백성들의 삶은 안정을 얻었을까?

당시 백성들은 많은 세금을 빼앗기는 것도 모자라 외적의 침입까지 발생했다. 전국 각지에서는 농민봉기와 반란들이 일어났다. 전국 각지에서 일어난 무신정권에 대한 불만은 고려의 시스템이 제대로 작동되지 못하고 있음을 뜻한다.

거기다 세계 최강의 군대 몽골까지 고려를 침입했다. 말 그대로 고려는 만신창이였다. 무려 30년간이다. 세계 최강 몽골은 1231년부터 1259년까지 대략 6~9차례에 걸쳐 고려를 침입해 왔다. 20~30년 동안 전쟁의 피해를 받았다고 생각해보자. 정상적인 삶이 가능했을까?

고려 백성들이 대몽항쟁의 진정한 주인공이었다.
(출처:독립기념관)

당시 무신정권은 강화도로 피난 가서 호화로운 생활을 즐겼다. 심지어 정권을 유지하기 위해 백성들에게 세금까지 걷어갔다. 몽골의 침입을 적극적으로 막았던 이들 중 노비나 농민들이 많았다는 것은 더 충격적이다.

무신정권은 이름만 무신일 뿐이며 백성과 국가의 존망을 위해서 한 것이라고는 도망밖에 없었다. 고려왕 원종이 몽골에 항복하면서 무신정권은 스스로 무너졌다(1259).

3. 영화 더 보기 (쌍화점)

무신정권 붕괴 이후, 고려는 몽골의 부마국이 되었다.

몽골 칸에 충성한다는 의미에서 왕들은 '충(忠)'을 붙였으며, 관제는 모두 격하되었고 영토는 상실했다. 많은 고려인은 몽골족의 공녀, 환관으로 끌려갔으며 동물(해동청)은 공납이 되었다. 친원파로 불리는 권문세족들은 권력을 장악했고 몽골에 충성했다.

고려는 점차 정체성을 잃어가고 있었다. 국가도, 왕도, 지배층도. 백성들의 삶은 도탄에 빠졌으나 하늘은 무심해 보였다. 그렇게 하늘이 고려를 버린 것 같이 보이던 이때, 한 명의 군주가 등장한다. 그가 바로 공민왕이다.

영화 〈쌍화점〉(유하, 2009)은 파격적 소재를 다룬 영화다.

영화 '쌍화점'
예고편

쌍화점 (유하 감독, 2009) 포스터
제작사 : 오퍼스 픽쳐스, 필름포에타㈜
배급사 : 쇼박스㈜미디어플렉스

영화 더 보기 1. 고려, 위기일발!

고려왕(주진모 분)이 호위무사 홍림(조인성 분)과 동성애를 즐긴다. 심지어 고려왕은 자녀를 낳기 위해 홍림에게 익비(송지효 분)와 부적절

한 관계를 요구한다. 그러다 익비와 홍림이 사랑에 빠진다. 분노한 고려왕은 홍림을 죽이려 했으나 도리어 홍림이 고려왕을 죽인다. 비극적인 결말이다.

영화에서 고려왕의 정체는 공민왕으로 추정된다. 공민왕의 삶과 유사하기 때문이다. 공민왕은 대표적인 반원 정책(몽골에 반대하는 정책)을 펼쳤던 왕으로 알려져 있다. 그리고 건룡위 무사 홍림은 실제 공민왕을 시해했던 자제위 홍륜의 이름을 살짝 바꾼 것이다. 실제 홍륜과 홍림이 했던 행적들이 일치하기 때문이다.

영화 더 보기 2. 공민왕, 위험과 기회의 갈림길에 서다.

영화의 배경은 원나라의 간섭이 극에 달했던 시기였다.

고려왕은 수시로 원나라 황제의 명령에 따라 바뀔 정도로 힘이 약했다. 대부분의 권력은 친원파였던 권문세족들이 권력을 장악했다. 그들의 탐욕은 끝이 없었다. 자신들이 소유한 땅은 산과 하천을 경계할 정도로 넓었으며 백성들을 사정없이 수탈했다. 아무도 백성들의 힘든 생활에 관심조차 없었다.

이때, 공민왕(1351~1374)이 등장한다. 공민왕은 원나라 위왕 베이르테무르의 딸 노국대장공주와 결혼하고, 고려의 왕이 되었다. 신진사대부와 신돈을 등용하여 권문세족을 척결하고자 했다. 또한, 반원 정책과 빼앗긴 영토를 회복했다. 누구도 관심 가지지 않았던 백성들을 위해 개혁을 단행하기도 했다.

대표적인 개혁이 전민변정도감이다. 전민변정도감은 권문세족에게 빼앗긴 땅을 원래 농민들에게 돌려주는 것이다. 이러한 개혁은 권문세족들의 반발을 사기에 충분했다. 결국, 공민왕의 개혁정책은 실패했다. 그리고 공민왕의 삶도 끝이 났다.

공민왕은 위기와 기회의 시대에 살았다.

당시 원나라는 농민봉기와 왕실의 내분으로 인해 급격히 세력이 약화되고 있었다. 농민군 출신의 주원장은 명나라를 건국했다(1368).

이후 명나라는 원나라를 만리장성 밖으로 몰아내고, 고려와의 관계를 재정립하고자 했다. 오랫동안 고려를 간섭했던 원나라가 약해지고 있었다는 점에서는 공민왕에게는 큰 기회였다. 권문세족의 힘을 약화시킬 수 있었기 때문이다.

권문세족은 고려를 원나라의 한 지역으로 넘기고자 했을 정도였으며, 왕을 자신의 입맛에 따라 바꾸고자 했던 집단들이다. 반드시 제거되어야 할 지배층이었다. 공민왕의 반원 개혁과 권문세족 제거는 왕권 강화의 연장선상이었다.

그러나 공민왕은 위기를 맞았다. 홍건적과 왜구의 침입이 극심했기 때문이다. 이들은 끊임없이 고려를 공격했고 백성들을 약탈했다. 홍건적은 원나라에 저항한 비밀결사 백련교에서 발전한 세력이다. 붉은 두건을 사용해서 홍건군(홍건적), 홍두군, 홍군이라고도 불렸다. 홍건적 중 일부 세력이 고려로 도망쳐 온 것이다.

고려에 침공한 홍건적의 수는 무려 10만에 달했으며, 수도 개경을 순식간에 점령했다. 왜구는 일본인을 중심으로 형성된 해적집단이다. 당시 왜구는 고려의 수군보다 규모와 훈련의 질에서 모두 앞섰다.

대외적 위기 속에서도 개혁을 추진했던 공민왕은 자신의 든든한 후

원자 노국대장공주가 죽으면서 무너졌다. 그녀의 죽음은 공민왕을 반미치광이로 만들었다. 영화 속에서는 공민왕의 말년을 압축적으로 보여주고 있다.

영화 속 익비는 원나라 공주 출신이다. 고려왕이 원나라의 부마국이었다는 것을 반영한 설정일 것이다. 익비는 덕풍군 왕의의 딸 익비 한씨와 유사하다. 실제 역사 속 익비는 홍륜과의 사이에서 자식을 가지기도 했다. 딸이었다. 홍륜과 익비의 자식은 역모 혐의로 처형되었다.

『고려사』 속 공민왕 말년의 모습은 영화 속 고려왕과 비슷해 보인다. 자제위의 청년들과 성관계를 하고 여자의 옷을 즐겨 입으며, 다른 사람의 성행위를 몰래 보는 것을 즐겼다. 공민왕의 최후는 영화처럼 비극적이었다.

공민왕 시해 이후, 권문세족 이인임이 권력을 장악하고 홍륜과 자제위를 처형한다. 권력을 유지하기 위해 이인임은 출신성분이 불분명했던 모니노(牟尼奴)를 왕으로 세우는데, 그가 우왕(1374～1388)이다.

이때 신흥무장 이성계가 왜구를 물리치며 세력을 키워나갔다. 그리고 정도전을 대표로 하는 신진사대부와 연합하여 고려의 권력을 장악했다. 위화도 회군 이후 이성계는 최영과 우왕을 제거하고 창왕, 공양왕을 차례로 왕으로 세웠다. 1392년, 이성계는 조선을 건국하면서, 고려는 역사 속으로 사라졌다. 영화 〈쌍화점〉의 진정한 결말은 고려의 멸망이었다.

4. 만약에 한국사

　인생은 매 순간이 선택의 갈림길이다. 역사도 마찬가지다. 선택을 어떻게 하느냐에 따라 국가의 운명이 갈리기도 한다. 고려 시대는 주변 국가들이 수시로 바뀌었다. 그러다 보니 주변국과의 관계는 매번 선택의 순간이었다. 고려의 경우 국운을 건 선택의 순간 중 하나가 서희의 담판이었다.

만약에 한국사 1. 서희가 담판에 실패했다면?

> 1. 단기적으로는 서경 이북의 땅을 빼앗긴다.
> 2. 장기적으로는 원나라 간섭기와 유사했을 것이다.

　단계별로 생각할 수 있다.

　단기적으로 1번의 상황이 예상된다. 원래 고려는 서희의 담판이 일어나기 전까지 서경 이북의 땅을 거란에 바치고, 거란의 요구를 모두 수용하는 방안을 고민하고 있었다. 실제로 서희의 담판이 이뤄지지 않았다면, 항복론의 주장이 받아들여졌을 것이다.

　성종은 서경에 있던 군량을 버렸다. 항전의 의지가 약한 것이다. 만약 서희의 담판이 실패했다면 고려는 분명 땅을 할양했을 것이다. 땅을 할양받은 거란은 기대 이상의 성과로 여겼을 것이다. 사실 거란군은 서경 이남으로 남하할 만한 군사적 여력이 많지 않았다. 소손녕은 거란의 군대가 80만의 대군이라 했지만, 실제적으로는 6~8만에 불과했다. 그러므로 고려를 지속해서 공격하며, 영토를 점령하기에는 인원이 부족했다.

거란의 후방을 안정시키는 것이 목적이었던 소손녕은 기대 이상의 땅을 얻고 퇴각했을 것이다. 하지만 장기적인 관점에서 보면 어떻게 되었을까?

거란의 요구는 많아졌을 것이다. 고려는 서경 이북지역을 빼앗겼기 때문에, 수도 개경까지 방어할 시설이 없다. 거란은 지속해서 고려에 침입했을 것이다. 결국에는 원 간섭기와 같은 상황이 예상된다.

이 가정을 통해 서희 담판이 지닌 역사적 의미를 재발견할 수 있다. 서희가 담판에 성공했기 때문에 소손녕은 고려가 송나라와의 단교라는 명분을 얻을 수 있었다. 최대 수혜자는 고려다.

고려는 강동 6주의 실리를 얻어, 강동 6주를 요새화할 수 있었다. 실제로 고려는 거란의 침공을 강동 6주에서 효과적으로 막아냈다. 만약 강동 6주를 고려가 차지하지 못했다면, 거란의 침입은 더욱더 잦았고, 고려는 쇠퇴해졌을 것이다. 서희의 담판이 성공함으로써 고려는 국방력을 강화할 수 있었다.

만약에 한국사 2. 고려사를 소재로 영화를 만든다면?

> 1. 거란 전쟁 3부작 - 1~3차 거란 침입(안융진전투, 흥화진
>   전투, 귀주대첩)
> 2. 특수부대 - 별무반, 삼별초, 별초
> 3. 인물사 - 묘청과 김부식, 신돈, 척준경
> 4. 문화사 - 고려청자, 팔만대장경판

　고려를 배경으로 한 영화는 많지 않다. 책에서 다룬 영화 이외에는 무신정권을 다룬 〈협녀, 칼의 기억〉과 원말명초를 다룬 〈무사〉가 있을 뿐이다. 시대도 무신정권 이후로 치우쳐 있다. 고려 시대 전체로 영화를 만든다면 어떤 소재들이 있을까?

거란의 전쟁을 소재로 한 전쟁 3부작을 계획할 수도 있다.

　안융진, 흥화진, 귀주대첩으로 이어지는 각 전투를 중심으로 영화를 제작할 수 있으며, 화려한 전쟁 장면을 기대할 수 있다. 각 전쟁 사이에는 거란-고려 사이를 오가는 사람들의 이야기가 추가된다면 더욱더 좋을 것이다.

두 번째는 고려 시대 대표적인 특수부대에 관한 이야기다.

　여진 정벌을 위해 편성된 별무반의 활약상, 무신정권의 삼별초, 몽골에 저항했던 김경신 등의 12명에 대한 별초의 이야기를 소재로 사용할 수 있다.

세 번째는 인물사다.

묘청과 김부식의 갈등을 소재로 한 서경천도운동을 영화로 제작할 수 있다. 다양한 군상들의 사상적 대립을 묘사하면 좋을 것이다. 영화 〈남한산성〉과 유사할 수 있다.

신돈은 드라마로도 제작된 적 있을 만큼, 입체적이며 신비한 인물이다. 다양한 상상력을 가미할 수 있다. 척준경은 고려 중기 이자겸과 함께 권력을 행사하던 무신이다. 윤관의 부하 장수로서 많은 공을 쌓기도 했다. 강인한 체력과 무력은 여진족에게 공포를 주었다. 그의 삶을 액션 영화로 제작할 수 있다.

마지막 문화사는 고려를 대표하는 고려청자, 팔만대장경판의 제작에 얽힌 이야기를 미스터리, 탐정물과 연관지어 제작할 수도 있다.

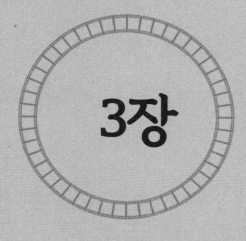

3장

관상

왕의 남자

3장

〈관상〉, 〈왕의 남자〉

파도만 보고 바람은 보지 못했네

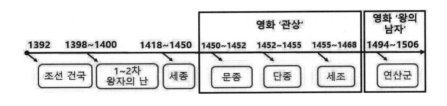

1. 영화 '관상' 알아보기

영화 〈관상〉(한재림, 2013)은 한 관상가의 삶을 통해 조선 왕실의 비극 중 하나였던, 계유정난을 다루고 있다.

몰락한 양반 김내경(송강호 분)은 처남 팽헌(조정석 분), 아들 진형(이종석 분)과 함께 산골벽지에서 살고 있었다.

김내경이 관상을 잘 본다는 소문이 돌면서 한양의 기생 연홍(김혜수 분)이 내경을 찾아오고, 내경은 한양에서 이름을 날린다.

당시 권력가였던 김종서(백윤식 분)는 내경을 문종(김태우 분)에게 소개한다. 문종은 야심 많은 동생의 관상을 살핀다. 반란을 꿈꾸는 자가 누구인지 찾기 위해서다. 특히 야심 많은 수양대군(이정재 분)을 유심히 보라고 이야기했다.

그러나 내경은 한명회(김의성 분)와 수양대군의 계략에 넘어갔고, 수양대군을 야심 없는 인물로 문종에 보고한다. 그러나 그것은 오판이었다. 수양대군은 계유정난을 일으키며 역사의 변화를 몰고 온다. 내경은 김종서 편에서 계유정난 한복판에 서게 되는데….

영화 '관상'
예고편

〈관상〉(한재림 감독, 2013) 포스터
제작사 : (주)주피터필름, 쇼박스㈜미디어플렉스
배급사 : 쇼박스(주)미디어플렉스

2. 영화 '관상' 엿보기

새로운 나라 조선은 이전 고려와 달라야 했다. 조선의 건국자들은 '민본주의'를 외치며 백성을 위한 정치를 고민했다.

그러나 그들 사이에서 의견이 갈렸고, 갈등은 '왕자의 난'으로 폭발했다. 이성계의 아들 이방원은 2번에 걸쳐 '왕자의 난'을 일으켰다 (1398~1400).

그의 칼에 친족들과 신하들의 피가 묻었다. 그는 그렇게 왕이 되었다. 그가 바로 조선의 3대 왕 태종이다. 태종은 강력한 왕권을 바탕으로 조선을 안정시켰다. 그러나 '왕자의 난'은 조선 왕실의 불행을 예고하는 서막에 불과했다.

> **영화 엿보기 1. 김내경의 모티브가 된 인물 '지화'**
> **영화 엿보기 2. 백두산 호랑이 이야기**
> **영화 엿보기 3. 수양대군, 이리의 운명으로 살다**

영화 엿보기 1. 김내경의 모티브가 된 인물 '지화'

조선 제일의 관상가 김내경은 관상을 통해 계유정난을 막고자 했다. 사실, 영화 속의 김내경은 실존인물인 맹인 점술가 지화를 모티브로 창조된 인물이다. 지화는 태종과 세종, 단종을 섬긴 점술가였다.

단종실록에 의하면 지화는 왕이 될 사람이 누군지 예언하여 사람들의 관심을 받았다. 지화가 왕으로 지목한 이는 안평대군이었다.

지화의 예언으로 인해 안평대군의 세력이 커졌다고 한다.

그러니 왕이 되고 싶었던 수양대군으로서는 지화가 미웠을 것이다. 자신을 왕이 될 것이라 해야지, 안평대군이라니!

영화 〈관상〉에서 수양대군이 김내경을 회유하는 장면이 나온다. 실제 수양대군도 그랬던 것일까?

실록에는 수양대군과 지화의 만남을 기록하고 있다. 수양대군은 지화를 보고 어디 갔다 오는지 물어본다. 그런데 지화는 거짓말로 수양대군에게 이야기하는 장면이다. 지화는 왜 거짓말을 했을까?

안평대군과 만나고 왔기 때문이다. 이미 지화는 안평대군 측 사람이었다. 영화 속에서도, 현실 속에서도 수양대군은 그들의 마음을 얻지 못한 것 같다.

영화 속 갈등구조는 김종서와 수양대군이다. 하지만 실제 역사에서는 안평대군과 수양대군의 갈등이 더 심했다.

그렇다면 수양대군과 대립했던 안평대군은 누구였을까?

또 지화는 왜 안평대군이 왕이 될 운명이라고 예언 한 것일까?

안평대군의 이름은 이용이다. 세종과 소헌왕후 심씨의 셋째아들이자, 문종(첫째)과 수양대군(둘째)의 친동생이다. 서예, 시문, 그림에 띄워나 중국에 알려질 정도였다. 조선 4대 명필 중 한 명이다. 그의 친필 글씨 첩인 소원화개첩은 국보 제238호로 지정되었을 정도다.

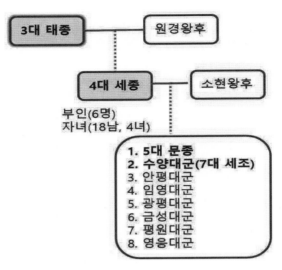

세종은 예외적으로 자식들을 정치에 참여 시켰다.

안평대군은 예술을 사랑했다. 그래서 화가였던 안견을 총애하여 자신의 꿈을 이야기하여 몽유도원도를 그리게 했다. 이처럼 안평대군은 세종의 예술적 재능을 그대로 빼닮았다.

이런 안평대군의 재능은 세종에게 큰 도움이 되었을 것이다. 실제로 세종은 다양한 국책 사업을 문종과 수양대군, 안평대군에게 맡겼다. 이들은 세종의 아들이자, 충직한 세종의 신하들이었다.

그러다 보니 자연스럽게 세종의 아들들에게는 많은 이들이 따랐다. 만약 문종이 오래 왕위를 이어갔다면, 수양대군과 안평대군은 보통 종친으로 역사 속에 남았을 것이다.

그러나 문종은 몸이 좋지 않았다. 수양대군과 안평대군의 마음 속에는 왕이 되고 싶은 욕망이 꿈틀거렸다. 그들의 지지자 역시 마찬가지였다. 안평대군의 지지자 중 한 명이 점술가 지화였다. 그래서 지화는 안평대군이 다음 왕이 될 수 있다는 용기를 계속해서 불어 줬을 것이다.

영화에서는 김내경이 안평대군을 예술가적 인물로만 묘사했다. 하지만 앞서 말했듯이 이 부분은 안평대군의 모습 중 일부분에 불과하다.

수양대군은 계유정난 이후 안평대군을 강화도로 귀양을 보냈고, 결국 죽였다. 이것으로 안평대군이 얼마나 큰 세력을 가졌고 수양대군을 위협했는지 알 수 있다.

문종이 죽으면서 아들 단종을 지켜달라며 유언을 남긴다. 이 유언을 받은 고명대신(황보인, 김종서)들만으로는 단종을 지키기 역부족이었다. 그래서 그들은 안평대군과 손잡았다.

안평대군을 지지했던 점술가 지화의 미래는 어떻게 되었을까?

수양대군이 영화 속 김내경에게 했던 경고는 실제 지화에게 했던 말일 수도 있다. 지화는 영화 속 김내경보다 더 처참하게 몰락했다. 비참하게 목숨을 잃었으며, 재산은 빼앗기고, 가족은 노비가 되었다. 김내경과 지화 둘 다 자신의 미래는 보지 못했다.

영화 엿보기 2. 백두산 호랑이 이야기

세종은 조선 최고, 더 나아가 우리나라 역사상 가장 존경받는 인물이다. 지금 세종의 가장 큰 업적 한 가지를 뽑자면 훈민정음 창제일 것이다. 하지만 조선 시대의 평은 달랐던 것 같다. 영토 확장을 더 높게 평가한 것이다.

세종의 묘호에 있는 세(世)는 영토를 넓힌 왕에게 부여하는 의미이기 때문이다. 의아할 수도 있다. 그 많은 세종의 업적 중 영토 확장이 가장 큰 의미가 있다고?

세종은 조선의 영토를 크게 넓힌 왕이 맞다. 특히 4군 6진 개척으로 대표되는 북방영토 확장은 조선 왕실의 근거지를 되찾는 것이었다. 태조 이성계의 고향이며 세력 근거지였기 때문이다.

또 4군 6진을 개척하면서 조선의 북방을 안정시켰다. 그런 면에서 조선 시대 사람들이 봤을 때 세종의 가장 큰 업적은 4군 6진 개척이었을 것이다. 김종서는 이 세종의 업적과 함께한 인물이다.

"배짱, 아집, 원리원칙. 세상의 평이 맞구나. 대단한 상이다. 그는 범이다. 호랑이… "[5]

관상가 김내경의 김종서에 대한 관상평이다. 호랑이. 김종서의 관상은 '호랑이'였다.

실제로 호랑이 관상은 풍채가 당당하고, 이마가 모나며 둥근 듯 하나, 각이 서 있다고 한다. 얼굴 전체가 넓고, 각진 편이라고 생각하면 좋다. 또 풍채가 좋아야 한다. 지금으로 따지면 스탈린, 힐러리, 처칠의 얼굴과 유사하다.

그런데 김종서는 실제 호랑이 관상과는 거리가 멀었다. 체격부터가 왜소했기 때문이다. 김종서는 본래 무인이 아니었다. 세종은 김종서를 이렇게 평가했다.

"유학을 익힌 신하로서 몸집이 작고, 관리로서의 재주는 넉넉하나 무예는 모자라니 장수로서 마땅한 체격이 아니다."

다만 그의 뛰어난 업무 수행 능력과 불굴의 정신을 높이 사서 6진의 적임자로 내세운 것이다.

그 결과는 세종의 가장 큰 치적으로 이어졌다. 그만큼 김종서는 유능

---

5) 출처 : 시나리오 〈관상〉, 쇼박스

한 신하였고 북방 군사문제와 관련한 전문가이기도 했다.

김종서의 성격은 타협을 모르는 원칙주의자였다고 한다. 양녕대군과의 일화는 유명한데, 세종의 형이었던 양녕대군은 법을 어기고, 한양에들어와 노비와 염문을 뿌린 적이 있었다. 세종은 형의 잘못을 용서하려했다. 하루 이틀의 문제가 아니었기 때문이다.

그러나 김종서는 달랐다. 끝까지 양녕대군의 처벌을 주장했다. 이것을 계기로 이후 양녕대군과 불편한 관계가 되었다고 한다. 왕의 형을상대로 원칙을 주장하는 김종서의 모습은 그가 어떤 성격의 소유자인지 잘 보여 준다.

이처럼 김종서는 외모는 호랑이 관상이 아니었지만, 삶은 호랑이 관상이었다.

'배짱, 아집, 원리원칙'을 추구하며 산 것이다. 영화는 김종서의 삶을관상으로 투영하여 표현한 것이라 할 수 있다. 실제 그의 별명은 대호(大虎) 혹은 백두산 호랑이였다.

백두산 호랑이, 김종서는 세종과 문종의 신임을 받는 유능한 신하였다. 그런 그에게 문종의 죽음과 유언은 큰 고민이자, 반드시 지켜야 할과업이었다.

사실 우리가 생각하는 것처럼 문종은 그렇게 나약하고 별 볼 일 없는그저 그런 왕이 아니다. 정 반대다. 우리가 알고 있는 세종 말년의 업적은 사실 문종의 업적이라고 봐도 무방하다. 화차, 측우기, 『고려사』, 『고려사절요』, 『동국병감』 등은 문종이 주도했던 사업이다.

세자 기간만 무려 30여 년. 외모도 수려했다. 수염은 관우만큼 멋져서중국에까지 소문이 날 정도였다. 글씨도 잘 쓰고, 아름다워 신하들이 서로 차지하기 위해 싸울 정도였다. 국방문제에도 관심이 많았으며, 여러 대안을 제시할 정도로 문무를 겸비한 왕이었다. 지금으로 따지면 엄·친·아로 볼 수 있다.

그러나 하늘은 그를 시샘했다. 2년 3개월, 39살의 나이에 승하했다. 어린 아들과 야심 많은 동생을 앞에 두고 말이다. 영화 속에서 문종은 병에 걸려 오래 살지 못하며 김내경과 김종서에게 자신의 어린 아들 단종을 맡겼다. 자신이 뛰어났기 때문에 미래에 대한 혜안까지 있었던 것 같다. 그는 김종서를 절대적으로 믿었다. 죽기 직전, 군대를 이끌고 한양으로 들어오라고 하며 어린 아들 단종을 맡겼다.

문종은 누구를 두려워했던 것일까?

영화처럼 수양대군이 두려웠던 것일까? 아니면 안평대군이 두려웠던 것일까?

고명대신으로 불리는 영의정 황보인과 좌의정 김종서는 이후 문종의 유지를 받들어 단종을 보필한다. 단종은 이때 12살이었다. 지금으로 따지면 초등학교 5학년이다. 어린 왕을 보살필 왕실의 어른도 모두 죽고 없었다. 문종은 얼마나 걱정되었을까?

단종은 완벽한 정통성을 지녔으나 지지 세력이 약한 왕이었다. 단종의 어머니 현덕왕후는 단종을 낳고, 이틀 만에 죽었다. 세종의 아내 소헌왕후는 단종이 어릴 때 사망했다. 왕실의 어른이 없다는 점은 단종의 방파제가 없다는 말이기도 했다.

황보인, 김종서 등의 고명대신은 영화에서 나오는 것처럼 황표정사(黃票政事)를 통해 업무를 처리했다. 황표정사는 당시 상황에서는 어쩔 수 없는 정치 운영방식이었다. 단종이 알고 있는 신하들과 지지기반이 없기 때문이다. 황표정사는 문종이 어린 단종을 위해 만든 기형적인 인사제도이다.

원래 조선 시대 인사는 이조(吏曹)가 담당했다. 그러나 문종은 죽음을 앞두고 어린 단종을 보필할 김종서, 황보인에게 부탁하며 황표정사가 생겨난 것이다. 단종이 즉위하자 자연스럽게 김종서와 황보인의 역할이 커졌다.

"장수와 수령은 반드시 3인의 서명을 썼다. 그 중에 쓸만한 1명을 골라 황표를 붙여서 노산군(단종)에게 알리면 붓으로 찍었을 분이다. 당시 사람들은 이를 황표정사라고 했다. … 황보인, 김종서 등이 주상(단종)이 어리다고 무시하고 … 마음에 반역을 간직하여 안평대군에게 아부하며, 안평대군의 부하들에게 하여금 권세 있는 요직을 나누어 차지하게 하였다."

『단종실록』

황표정사는 의정부에서 인물을 낙점하고(황표를 달아서) 올리면 왕은 결재하는 구조였다. 의정부가 권력을 장악하면서 김종서, 황보인 등 원로 대신들의 권력이 쏠렸다. 이것을 빌미로 수양대군은 계유정난을 일으켰다.

그러나 실제로는 단종이 황표정사 모두를 수용한 것은 아니었다. 몇 번 되지도 않았다고 한다. 도리어 단종은 황표에 추천된 인사를 거부하거나 신하들을 통제하는데 사용하기도 했다. 이러한 모습을 봤을 때 단종은 영리했던 것 같다. 왕의 자질이 충분한 자였다.

그러나 현실은 단종에게 불리했다. 안정적인 왕권을 행사하기에는 수양대군과 안평대군의 눈치가 보였을 것이다. 그들은 단종을 위협할 정도로 세력을 보유하고 있었기 때문이다.

이 두 명의 대군을 불안한 눈으로 바라보는 이가 있었다. 바로 백두산 호랑이, 김종서다.

김종서는 독자적으로 단종의 안위를 지키기 어렵다고 판단한 것 같다. 그래서 비교적 온건했던 안평대군을 선택했다. 그로서는 최선의 판단이었을 것이다.

단종을 보위하는 고명대신 김종서와 안평대군 연합은 수양대군과 대립했다. 두 세력의 갈등은 점차 표면화되었다. 수양대군은 이들에 비해 세력이 적었고, 명분도 부족했다.

그래서였을까? 수양대군은 저자세를 보이기 시작했다. 명나라 사신으로 가겠다며 자청하고 나선 것이다. 이것은 큰 의미를 지닌다. 명나라 사신으로 수양대군이 간다는 것은 단종을 왕으로 인정한다는 것이었기 때문이다. 두 세력의 권력이 충돌하는 상황 속에서 보여준 수양대군의 모습은 신하의 모습이지, 권력을 찬탈하기 위한 반역자의 모습이 아니었다. 거기다 수양대군의 심복이었던 신숙주, 최항, 권람 등은 김종서와 만나며 친분을 쌓기 시작했다.

누가 봐도 수양대군의 세력이 약해지고, 이탈자가 생길 것 같은 분위기였다. 그렇게 수양대군은 일개 대군으로서 살아갈 것처럼 보였다.

그러나 김종서와 안평대군은 수양대군의 이 모습에 현혹되었다. 수양대군은 치밀한 자였다. 모두 그들을 방심시키기 위한 전략이었다.

'현혹'된 김종서는 방심했다. 계유정난 당일, 어두운 밤에 수양대군은 김종서에게 편지를 전달할 것이 있다며 김종서와 만남을 요청했다.

영화와 다르게 실제 김종서는 수양대군을 의심하지 않았다. 만약 수양대군을 의심했다면, 그 자리에서 수양대군을 처리해야 했을 것이다. 어쩌면 김종서는 자신의 눈에서 수양대군을 바라본 것인지도 모른다.

자신과 같은 원칙주의자로 판단한 것일까? **김종서의 판단 오류는 조선에 피바람을 불어왔다.**

1453년(단종 1) 음력 10월 10일 어두운 밤. 영화 속에서 수양대군은 말을 타고 김종서에게 다가섰다. 그리고 이렇게 말한다.

"갓끈을 떨어뜨려 하나 빌리러 왔습니다. … 제가 꼭 이루고 싶은 소원이 하나 있습니다. 왕이 되는 것이지요." [6]

그 말이 신호가 되어 수양대군의 무사가 철퇴를 김종서에게 내리친다. 그러나 김내경이 이를 막아선다. 이후 수양대군의 무사들이 칼을 뽑아 김종서의 호위무사들을 죽이고 김종서에게 달려간다. 김종서는 호통을 치고 수양대군을 순간 겁먹게 만들며, 칼을 막아내지만 결국 철퇴를 이마에 맞고 쓰러져 죽는다.

영화 〈관상〉 속 계유정난의 서막이다. 영화 속 김종서의 최후는 역사와 실제 다른 면이 많다.

먼저 영화에서는 갓끈을 빌린다면서 수양대군이 김종서에게 말을 걸었다. 실제로는 사모 뿔을 빌리고 왕실의 문제를 해결하기 위해 편지를 건넸다. 물론 편지가 계유정난 시작의 신호탄이었던 것은 맞다.

수양대군의 노비였던 임어을군은 철퇴로 김종서를 가격하긴 했으나, 김종서의 아들이 대신 맞고 죽었다. 세조는 김종서가 죽었다고 판단했다. 하지만 김종서는 죽지 않았다. 깨어난 김종서는 여장하고 궁궐에 잠입하려 했으나 실패하고, 며느리 집에 숨었다.

그러나 결국은 수양대군에게 들켜 효수당했다. 백두산 호랑이의 최후다.

---

6) 출처 : 시나리오 〈관상〉, 쇼박스

그런데 김종서의 최후 과정이 의심스럽다.

수양대군의 주장처럼 김종서나 안평대군이 역모를 준비하고 병장기를 몰래 소지했다면, 이렇게 허무하게 수양대군에게 당했을까?

실제 역사는 영화와 다르게 수양대군을 전혀 경계하지 않았던 김종서의 모습을 보여준다.

우리가 아는 역사는 승리자의 역사라고 한다. 계유정난이 그렇다. 단종과 계유정난의 역사는 수양대군의 관점에서 편집되고 왜곡되었을 가능성이 크다.

계유정난은 김종서, 황보인, 인평대군이 모의하여 단종을 축출하려 했기 때문에 어쩔 수 없이 수양대군이 일으킨 것이라는 명분은 그럴 듯해 보인다.

그러나 계유정난은 수양대군을 위한, 수양대군에 의한, 수양대군이 주도한 정치적 쿠데타였다. 영화 속에서는 수양대군이 자신의 오랜 소원이라고 공공연하게 말했던 장면에서 충분히 드러난다. 그처럼 수양대군은 치밀한 사람이었다.

영화 엿보기 3. 수양대군, 이리의 운명으로 살다

영화 최고의 명장면, 개인적으로 이 장면을 뽑고 싶다.

수양대군이 처음으로 등장이 장면이다. 김내경은 수양대군의 관상을 보며 이렇게 말한다.

"남의 약점을 보면 목을 잡아 뜯고, 절대로 놔두지 않을 잔인무도한 이리. 이 자가 진정 역적의 상이다." [7]

실제 이리 관상의 눈빛은 황색 빛에 독기가 흘러나오고 눈이 깊다고 한다. 얼굴에 각이 있으며 광대뼈가 강하고 얼굴이 길다. 코는 뾰족하고 입은 길며 날카롭고 턱도 뾰족하다. 성격이 급해 근육질인 경우가 많고 다혈질이라고 하는데, 영화 속 주인공 수양대군(이정재 분)의 모습이 상당히 유사해 보인다.

실제 수양대군은 이리의 상이었을까?

얼마 전 조선 최후의 어진 화가 이당 김은호(1892~1979)가 1928년 옮겨 그렸다는 세조(수양대군)의 어진 초본 모사품이 발견되었다. 그런데 영화 관상과 다르게 둥글둥글하고 선한 인상이었다. 수염도 매우 적은 얼굴이다.

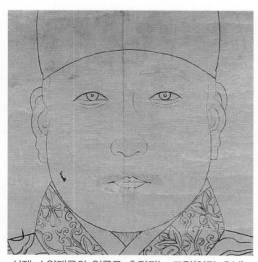

실제 수양대군의 얼굴로 추정되는 그림(어진 초본)
(출처 Google Arts & Culture)

만약 이 어진 모사품이 영화 관상보다 먼저 발견되었다면 영화의 흥행이 위협받을 정도라는 말이 돌 정도였다.

이리의 상이라 하기에는 너무 순박한 얼굴이다.

조선의 초상화는 털끝, 점, 흉터 하나도 똑같이 그려야 한다는 원칙이 있다. 왕의 얼굴은 더더

---

7) 출처 : 시나리오 〈관상〉, 쇼박스

욱 그렇다. 실제는 수양대군의 관상은 이리의 관상이 아니었음을 알 수 있다.

하지만 수양대군은 이리의 관상을 가진 사람처럼 살았다.

이리의 관상은 혼자보다는 조직, 단체 활동에 능력을 더 발휘하고, 음주·가무를 매우 좋아한다. 또한, 순간적 판단력이 좋고 승부욕이 강해 수단과 방법을 가리지 않고 이기려는 습성이 있다. 그러다 보니 단기적인 성과를 거둘 수 있어 장년까지는 부귀를 누리지만 말년에는 탈이 나서 끝이 좋지 못하다고 자녀들까지 끝이 좋지 못하다고 한다.

영화는 수양대군의 일생을 반영하여 이리의 관상으로 묘사한 것 같다.

수양대군. 그는 어떤 사람이었을까?

수양대군은 세종대왕의 차남으로 어릴 때부터 문무에 뛰어났다. 학문뿐만 아니라 무예, 천문, 수학, 음악, 풍수, 점에 이르기까지 모든 면에서 탁월했다고 한다.

세종대왕을 도와 형 문종, 동생 안평대군과 함께 국정 사업에 참여했다. 성격을 보면 허세가 많은 편이었다. 어릴 때부터 큰 옷자락을 날리며 다니는 것을 좋아하고 과시하는 성격이 있었다. 세종은 이러한 수양대군의 성격을 잘 알고 있었던 것 같다.

수양대군은 진평대군, 함양대군, 진양대군으로 호칭이 계속 바뀌었다. 마지막으로 바꾼 호칭이 수양대군이다. 수양(首陽)의 의미는 흥미롭다. 수양은 중국 수양산에서 따온 것이라고 한다. 수양산은 백이와 숙제라고 하는 충신들과 관련된 설화가 있는 산이다. 세종은 수양대군이 충성스러운 문종의 동생이자, 신하가 되기를 원했던 것이다.

하지만 수양대군은 왕이 되고 싶은 욕망으로 들끓었다.

사실, 인간적으로 보면 수양대군 나름의 울분도 있을 것이다. 문무를 겸비했다고 하지만, 형 문종이 너무 탁월했다.

문종 밑에서 수양대군의 재능은 크게 빛나기 어려웠을 것이다. 실제로 수양대군은 문종이 살아 있을 때 상당히 친근하게 단종을 대했고 문종에게는 항상 순종했다. 문종이 오래 살았다면 수양대군은 왕이 될 수 없었다. (수양대군이 문종을 독살했다는 설도 있다. 문종의 의관 전순의를 통해 문종의 병을 고의로 악화시켜 빨리 죽게 했다는 것이다. 이후 의관 전순의는 수양대군이 왕이 된 후 1등 공신으로 책봉되었다.)

그러나 문종은 예상보다 빨리 죽었고, 어린 조카가 왕이 되었다. 상황은 급변했다.

수양대군은 단종이 왕이 되고 나서 치밀하게 왕이 되기 위한 계획을 세운다. 책략가이자 전술가인 한명회, 집현전 학자 신숙주, 양녕대군 등의 종친들을 규합하며 김종서와 안평대군을 압박했다. 또한, 명나라 사신을 자원하여 기만전술을 사용하기까지 했다. 원래 명나라 사신은 안평대군이 가기로 했으나 한명회의 조언으로 수양대군이 사신으로 가게 된 것이다.

수양대군은 명나라 사신이 되면서 명나라에 자신의 존재를 알리고, 상대편의 방심을 유도하는 일거양득의 효과를 볼 수 있었다.

상대편이 방심하는 순간을 틈타 일으킨 것이 계유정난이다. 정난(靖難)이라고 하는 것은 나라를 안정시켰다는 의미이다. 지극히 수양대군의 입장이다. 사실 계유정난은 매우 극적으로 성공한 사건이었다.

계유정난 직전, 많은 사람은 계유정난을 역모로 판단하고 가담하지 않았다. 심지어 도망가는 자도 많았다. 그러나 수양대군은 뚝심으로 계유정난을 일으켰다. 만약 김종서가 수양대군을 미리 방비만 했어도 계유정난은 실패했을 것이다. 수양대군은 무관 양정, 홍달손을 통해 미리 준비했던 사병을 동원하여 경복궁과 한양을 점령했다.

이후 황보인을 중심으로 한 고명대신, 안평대군 측 인물들을 소환한다. 경복궁에서 대기하고 있던 수양대군의 사병들은 그들을 철퇴로 죽이고 살해하며 권력을 장악했다.

이때 한명회가 살생부라는 책을 가지고 대신들을 처리했다는 이야기가 야사(『동각잡기』)에 전해지고 있다.

계유정난 이후 수양대군은 사실상 왕이었다. 2년 뒤, 수양대군은 단종의 선위를 받아들여 왕위에 오른다. 그가 조선 7대 임금 세조다.

왕위에서 밀려난 단종은 영월 청령포로 유배 생활을 하기도 했으나, 얼마 후 역모 사건과 연루되어 자결했다. 17세의 나이였다. 단종의 한많은 삶은 청령포의 전설이 되어 지금까지 전해진다.

그렇게 원했던 왕이 된 세조. 그는 조선의 법전 『경국대전』의 편찬을 주도하고, 왕권을 강화했으며(6조 직계제, 호패법), 수령을 고소할 수 없는 법을 폐지하였다.

그러나 단기적인 카리스마에 의존하는 정치를 많이 했다. 특히나 술을 좋아해, 술자리에서 정치적 이야기가 많이 오갔다고 한다. 술자리는 신하들을 길들이는 자리이기도 했는데, 술을 잘 먹거나 잘 노는 공신들에게는 관직을 몇 급이나 올려주는 사례도 많았다. 반면 술자리에서 충언하거나, 듣기 싫은 소리를 하면 관직을 빼앗고 의금부에 투옥하기도 했다. 그래도 의리가 있어 자신을 따랐던 공신들에게는 매우 후한 대접을 해줬다. 공신들의 자녀들에게 자신들의 관직과 특혜를 받을 수 있도록 했고, 법을 무시하더라도 용서했다.

이러한 세조의 공신 특별대우는 매우 커서, 공신들이 백성들을 괴롭히는 경우도 제법 많았다. 권신 한명회의 경우 왕실에 두 명의 딸을 시집보낼 정도였는데, 한 지역을 자신의 땅으로 편입시킬 정도로 부를 축적했다. 홍윤성이란 자는 살인마 정승이라는 별명을 가진 사람이다. 자신의 사촌을 때려죽이고 앞마당에 묻어도 처벌받지 않을 정도였다.

세조의 끝은 이리의 관상과 일치한다. 좋지 않았다. 갑자기 종기가 나고 문둥병에 걸려 고생하다 죽었다. 그의 두 아들은 종기로 고생하다 죽었다.

사람들은 단종의 어머니 현덕왕후가 저주한 것이라는 이야기를 하기 시작했다. 현덕왕후가 세조의 꿈에 나타나 침을 뱉자 세조의 등에 종기가 났다는 것이다. 수양대군은 자신의 삶을 후회하며 불교에 심취했다. 영화 끝에도 나오는 부분이다.

세조는 왕으로 재위하는 동안 이시애, 이징옥의 난을 막는데 국력을 소진하고, 자식의 죽음을 바라봐야 했다. 자신 또한 쓸쓸한 병자의 모습으로 생을 마쳤다. 권력의 무상함을 보여준 말년이다.

자신의 혈육마저 죽이면서 왕이 되고자 했던 세조. 그가 꿈꾸었던 조선은 무엇이었을까?

그 꿈의 결과를 알기에 우리는 더 허무한 것인지도 모른다.

영화에서 김내경의 노력은 다 실패로 끝이 났다.

수양대군과 한명회가 일으킨 계유정난의 파도는 결국 조선에 엄청난 결과를 가져왔다. 세조의 공신들은 부패했다. 이들은 훈구가 되어 조선을 좀먹었다. 세조의 핏줄 연산군은 피바람을 몰고 왔다.

3. 영화 더 보기 (왕의 남자)

영화 '왕의 남자' 예고편

〈왕의 남자〉 (이준익 감독, 2005) 포스터
제작사 : ㈜이글픽처스   배급사 : ㈜시네마서비스

　세조의 공신집단은(계유정난에 참여한 정난공신 43명, 단종 복위에 참여한 금성대군을 숙청한 좌익공신 44명) 거대 권력 집단이 되었다.

역사에서는 이들을 훈구(勳舊)라고 한다.

한명회가 대표적이다. 한명회는 수양대군이 왕이 되는데 기여했다. 이후 대단한 권세를 누리며 살았는데, 현재 강남 압구정동의 유래가 된 유명한 압구정도 한명회가 만든 정자다.

그의 권력이 얼마나 셌는지 성종에게는 당당히 뇌물을 받을 수 있도록 요구했을 정도다.

성종은 훈구를 견제하고자 사림(士林)에 힘을 실어줬다. 삼사의 요직에 등용시켰는데, 왕의 자문과 조언, 신하를 감찰하는 기구였다. (삼사는 사헌부, 사간원, 홍문관을 통칭해서 말한다.)

사림은 성종에게 있어 양날의 검이었다. 훈구를 비판하면서도, 성종의 행동을 비판하기도 했기 때문이다. 그래도 성종은 비교적 사림의 의견을 잘 수용했다. 하지만 연산군은 달랐다. 이 연산군의 삶을 소재로 만든 영화가 〈왕의 남자〉(이준익, 2005)다.

광대 장생(감우성 분)과 공길(이준기 분)은 뛰어난 광대들이다. 그들은 궁궐에 입궐하여 연산군(정진영 분)과 장녹수(강성연 분)를 위해 광대놀음을 하게 된다.

연산군은 이들을 이용하여 자신의 친모(폐비 윤씨)가 죽었던 사건을 상기시키며 사화를 일으킨다. 이 와중에 장생과 공길은 왕과 정치인들을 희롱하며, 현실을 풍자한다.

연산군, 그는 누구인가?

조선 왕 중에서 가장 조선왕답지 않은 왕이다. 폭군이자, 패륜아다. 왕위에서 쫓겨난 왕이다. 그러나 처음부터 그랬던 것은 아니다. 사실 연산군은 재위 초기에 제법 정치를 했다. 암행어사를 파견하기도 하고,

왜구를 격퇴하기도 했다.

그러나 왕을 견제하는 훈구와 사림의 압박은 그가 감당하기에는 큰 짐이었다. 권력을 장악해 자유를 만끽하고 싶었던 것인지도 모르겠다. 그는 무오사화를 일으켜 권력을 장악했다(1498년).

무오사화(戊午史禍)는 사림 김종직의 문하생이었던 김일손의 사초에서 비롯된 사건이다. 사초에는 조의제문(弔義帝文)이 실려 있었다. 조의제문은 세조의 계유정난과 단종의 억울한 죽음을 옛 고사에 빗대어 세조를 비판한 내용이었다. 연산군은 이것을 빌미로 사림을 제거하고 신하들을 압박했다. 심지어 신하들의 목에는 신언패를 착용하도록 했다. 신언패의 내용은 다음과 같다.

입은 화근의 문이요
혀는 몸을 자르는 칼이라
입을 다물고 혀를 깊이 간직하면
몸이 어느 곳에 있든지 편안하리라.

영화에서 등장하는 공길은 실존 인물이다. 왕에게 임금답게 행동하라는 말을 해서 유배를 당했다는 기록이 있다. 연산군은 광대를 실제로 좋아하여 공길 이외에도 은손, 중산, 공결 등과 같은 광대들과 친하게 지내거나 궁궐에서 광대놀이를 즐겼다고 한다. 그뿐 아니라 음주·가무를 좋아해 전국의 예쁜 여자들을 채홍사를 통해 1,000명 가량 선발하기도 했다. 그들 중 대표적인 집단이 바로 흥청이다. 이것 때문에 나온 사자성어가 흥청망청이다. 그만큼 연산군은 노는 것을 좋아했다.

영화에서도 이러한 모습은 매우 잘 나온다. 대표적인 흥청 중에는 장녹수가 있다. 장녹수는 제안대군의 노비와 결혼하였고 아들이 한 명 있었으며, 30대로 연산군보다 연상이었다고 한다. 하지만 얼굴이 동안이고 노래를 잘 불러 연산군의 총애를 받았다. 장녹수는 연산군을 때리거나 꼬집고, 어릴 때 이름을 부르며 희롱하기를 즐겼다. 말 그대로 끼리끼리 놀았다.

사림이 제거된 이후, 연산군은 훈구마저 제거하고자 했다. 자신의 생모(폐비 윤씨)의 죽음과 엮어 숙청한 것이다. 역사에서는 갑자사화(甲子士禍)라고 부른다(1504).

영화 속 연산군이 주최한 광대놀이는 갑자사화를 모티브로 한 것이다.

하지만 실제로는 더 극적이다. 연산군의 어머니 폐비 윤씨는 원래 몰락한 집안 출신의 후궁이었다. 예의가 발라 세조의 비 정희왕후, 예종의 비 안순왕후, 성종의 어머니 인수대비의 신뢰를 받았다고 한다.

성종의 첫 번째 아내이자 한명회의 딸 공혜왕후가 일찍 죽자 왕비로 책봉하였다. 윤씨는 그때 연산군을 임신하고 있었다. 하지만 왕비가 되고 나서 성종의 바람기 때문에 고생을 많이 한 듯하다. 성종은 조선 시대에서 가장 많은 후궁을 두었는데 무려 12명에 달했다. 밤낮이 다른 왕이라는 평이 있을 정도였다.

폐비 윤씨는 성종의 얼굴에 흠집을 냈고 쫓겨나 사약을 먹은 다음 죽었다. 성종은 폐비 윤씨를 미워하여 사체를 관리도 하지 않아 들짐승들이 시체의 뼈를 갉아 먹었을 정도였다. 폐비 윤씨가 죽을 때 많은 훈구들이 관여하거나 방관했다. 연산군은 이것을 빌미로 삼은 것이다. 폐비 윤씨에게 사약을 갖다줬던 이세좌를 죽이고, 성종의 후궁을 직접 폭행하고 나서 그 후궁의 아들들이 몽둥이로 자신들의 어머니를 때리도록 했다.

영화보다 더 잔혹한 현실이다. 후궁들이 죽자 시체를 찢어 젓갈을 담근 뒤 산과 들에 뿌렸다. 그리고 이복동생들의 머리를 잡고 인수대비 침소로 가서 소란을 피운다. 이러한 상황 속에서 인수대비는 결국 한 달 뒤 사망했다.

그 후 연산군은 폐비 윤씨와 관련되었거나 관망했던 신하들을 모두 찾아 사약을 내렸다. 그때 한명회의 이름이 거론되면서 부관참시를 당하게 되는데 부관참시는 사체를 꺼내 목을 잘라 효수하는 형벌을 의미한다.

연산군은 거리낌이 없었다. 말 그대로 공포정치였다. 사소한 일로 신하들을 죽이는 일이 잦아졌다. 핑계는 다양했다. 자신이 주는 고기를 먹지 않는다거나 시를 한 편 올리라고 했는데 신하들이 2편 올렸거나 하면 죽였다고 한다.

폭주하는 연산군의 최후는 어땠을까?

연산군의 폭정을 견디지 못한 박원종을 중심으로 한 훈구가 반정을 일으켰다. 영화는 중종반정을 마지막으로 끝이 난다. 세조가 뿌린 씨앗, 계유정난의 결과물은 연산군의 폐위였다.

4. 만약에 한국사

국가에도 관상이 있다. 관상은 단순한 점술이 아닌, 누적된 정보의 데이터를 바탕으로 한 예측이다. 그러한 측면에서 국가의 관상은 역사라고 할 수 있다. 과거의 지나간 사건을 돌아보며, 미래를 예측할 수 있기 때문이다.

영화 '관상'의 계유정난은 왕자의 난과 유사하다. 둘 다 권력을 차지하기 위한 쿠데타였다. 만약 왕자의 난이 없었다면, 조선의 역사는 어떻게 흘러갔을까?

만약에 한국사 1. 왕자의 난이 일어나지 않았다면?

1. 단기적으로는 요동 정벌이 이뤄졌을 것이다.
2. 장기적으로는 신하들의 권력이 강화되었을 것이다.

왕자의 난은 두 번 발생했다. 1차 왕자의 난은 1398년, 태조 7년에 일어났다. 이성계의 5남이었던 이방원은 정도전과 방번, 방석을 죽이고 권력을 장악했다.

2차 왕자의 난은 1400년, 정종 2년에 일어났다. 이방간과 박포가 난을 일으키자, 이방원이 진압한 것이다.

사실, 왕자의 난은 조선 국정 운영에 관한 갈등이었다. 이방원은 조선 건국에 가장 헌신했던 이성계의 아들이다. 그는 왕 중심의 강력한 국가를 지향했다. 반면 정도전은 달랐다. 뛰어난 재상에게 국가를 맡겨야 한다고 생각했다.

정도전은 이성계의 막내아들 방석(신덕왕후의 소생)을 왕위 계승자로 추대하려 하였다. 이방원(신의왕후의 소생)은 정도전의 행동에 불만을 느꼈다.

만약 왕자의 난이 발생하지 않았다면, 조선의 역사는 어떻게 흘러갔

을까?

정도전은 사실상 조선의 설계자였다. 정도전이 추진하려고 했던 정책들이 그대로 시행되었을 것이다. 단기적으로는 요동 정벌이 시작되었을 것이다. 정도전은 명나라 홍무제와 갈등했다. 결국, 요동 정벌을 주장하며, 왕자와 신하들이 가진 사병을 폐지하고자 하였다. 그러나 왕자의 난이 발생하지 않았다면, 이 사병은 요동 정벌에 동원되었을 것이며, 국가의 군대로 사용되었을 것이다.

사실, 요동 정벌은 이 때가 처음이 아니다. 공민왕, 고려말 최영도 요동 정벌을 주도했다. 그러나 둘 다 성공하지 못했다.

특히 고려말 최영의 요동 정벌은 시작도 하기 전에 실패했다. 이성계가 위화도 회군을 단행했기 때문이다.

요동 정벌의 성공 가능성은 판단하기 어렵다. 그러나 명나라의 상황을 봤을 때 요동 정벌을 단기간 성공했어도 장기간 통치했을지는 미지수다. 당시 명나라는 주원장의 아들 연왕 주체가 쿠데타를 준비하고 있었다. 이후 중국판 '왕자의 난'이 발생했고, 주체는 황제가 되었다. 그가 바로 명나라의 정복 황제 영락제(1402~1424)다. 그는 강력한 군사력을 바탕으로 몽골을 공격하고, 여진을 압박하며, 정화의 대원정을 추진했다. 호전적인 황제였던 만큼, 요동을 차지하기 위해 조선과 갈등했을 가능성이 크다.

장기적으로는 정도전이 원했던 재상 중심의 정치가 구현되었을 것이다. 재상 중심의 정치 체제가 구현되면 왕권은 약화된다. 이 제도의 장점은 왕의 재능에 따라 국가의 흥망이 결정되지 않는다는 점이다. 이 말은 세종대왕의 위대한 업적, 연산군의 폭정이 모두 없다는 이야기다. 왕은 말 그대로 상징적인 존재로 남았을 것이다. 지금의 입헌군주제와 유사한 형태로 볼 수 있다.

이 제도의 장점은 안정적인 국가운영이 가능하다는 점이다. 왕의 재능에 따라 국정이 운영되지 않기 때문이다. 또한, 왕이 되기 위한 쿠데타가 발생할 확률이 낮았을 것이다.

단점은 재상이 되기 위한 신하들 간의 갈등이 심했을 것이다. 조선 후기 붕당의 대립과 갈등이 더 일찍 찾아왔을 수도 있다. 또한, 강력히 추진되어야 할 정책들이 제대로 진행이 안 될 수도 있다. 대표적인 사례가 대동법이다. 대동법은 양반 관료의 이해관계 때문에 무려 100년의 세월이 걸렸다.

만약에 한국사 2. 조선 전기를 배경으로 영화를 만든다면?

1. 조선 건국 – 이성계, 정도전, 정몽주, 명과의 갈등
2. 세종대왕 – 다양한 과학, 전쟁, 신하
3. 정치적 갈등 – 왕자의 난, 사화와 연산군

조선은 기록의 나라였다. 『조선왕조실록』을 비롯하여 많은 기록이 남아 있어, 당시의 시대상을 영화로 만들기 매우 좋다. 특히 조선 전기는 나라가 성립되고, 안정을 찾아가던 시기였다. 그러한 만큼 다양한 사건과 인물들이 많았다.

조선의 건국은 극적이었다. 이성계의 위화도 회군은 우리 역사상 유례가 없던 사건이다. 이성계는 강한 군사력을 가졌음에도, 무력으로 왕을 몰아내지 않고 선위를 받아 왕이 되었다. **무력을 가진 자가, 무력이**

없는 사상가들과 함께 세운 나라. 조선의 특이점은 여기에 있다.

첫 번째, 고려말 조선 초기의 시대를 살았던 이성계와 정도전, 정몽주, 하륜, 조준 등의 이야기를 영화로 만든다면 다양한 인간의 심리를 다룬 영화가 될 것이다. 조선 건국과 국가운영에 따른 각자의 견해 차이가 명확했기 때문이다.

또 명나라와의 갈등(표전문제, 요동 정벌)을 다루며 긴박했던 당시의 상황을 영화로 제작해도 흥미로울 것이다.

두 번째, 세종대왕은 그 자체가 콘텐츠의 바다이다. 뛰어난 과학기술과 장영실, 화학무기(신기전), 훈민정음은 이미 영화와 드라마로 제작되었을 정도이다. 아직도 많은 소재가 남아있다. 4군 6진과 대마도 정벌, 인간 세종대왕의 고뇌가 그것이다.

세 번째, 정치적 갈등은 왕자의 난과 사화가 있다. 왕자의 난을 배경으로 영화, 드라마가 제작되기도 했다. 왕자의 난은 여러 세력이 대립하기 때문에 첩보전 형태로도 좋을 것 같다.

사화는 갈등을 모티브로 한다. 훈구와 사림의 갈등 관계를 영화로 제작해도 흥미로울 것 같다. 훈구와 사림의 관점에서 연산군을 다양한 각도로 조명할 수 있다. 연산군 자체가 워낙 특이한 인물이기 때문에, 다양하게 영화로 제작할 수 있다.

대표적인 작품이 〈왕의 남자〉다. 이 영화는 역사 콘텐츠가 얼마나 재미있게 영화가 될 수 있는지를 보여주었다.

4장

명량

구르믈 버서난 달처럼

4장

〈명량〉, 〈구르믈 버서난 달처럼〉

이순신, 정여립, 이몽학의 적은 다른가?

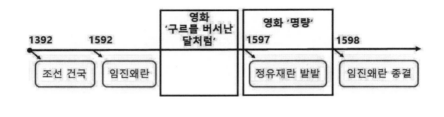

---

1. 영화 '명량' 알아보기

1592년 4월 13일, 임진왜란은 일본 내부를 통일한 도요토미 히데요시의 야욕으로 시작된 전쟁이었다. 잘 훈련된 일본군의 진격 앞에 조선군은 속수무책이었고, 왕은 도망쳤다.

절망이 가득한 이때, 예상하지 못한 곳에서 승전보가 들려왔다. 5월 7일, 옥포 바다였다. 이순신이 이끈 수군이 승리한 것이다. 그는 패배를 모르는 연전연승의 장군이자 일본군의 두려움 그 자체였다.

명량 예고편

영화 '명량' 예고편

〈명량〉(김한민 감독, 2014) 포스터
제작사 : ㈜빅스톤픽쳐스   배급사 : CJ엔터테인먼트

이순신의 활약으로 보급선이 끊긴 일본군은 고립되었다. 명나라가 참전하면서 전쟁의 규모는 확대되었다. 전쟁이 복잡한 양상을 띄게 되자 명나라와 일본은 휴전을 진행했으나 결국 실패했다.

1597년, 일본은 다시 침략 해왔다. 정유재란이다. 일본 수군 지휘관 도도 다카도라(김명곤 분)는 이번에야말로 이순신을 굴복시킬 생각에 들떠 있었다. 특별히 이순신을 상대하기 위해 해적왕 구루지마 미치후사(류승룡 분)까지 합류시켰다.

선조는 이순신을 파면시켰다. 원균이 이끈 수군은 칠천량에서 대패했다. 우여곡절 끝에 이순신은 다시 복귀하였고, 그렇게 명량 해전이 시작되었다.

2. 영화 '명량' 엿보기

영화 〈명량〉(김한민, 2014)의 제목을 왜 '이순신의 명량'이나 '명량해전'으로 하지 않고 '명량'으로 했을까? 이순신,이라는 이름은 너무 많이 들어서 피로해졌기에 이를 피하려는 의도도 있었고 캐릭터에 초점을 맞추기보다는 전쟁을 초점으로 맞춰 전쟁 영화를 만들려고 한 의도가 있다.

또한 짧고 간결하게 짓는 트랜드 영향도 있지만 지금의 진도 앞 바다 '명량'이라는 회오리 파도가 몰아치는 지역을 부각시키고 지역의 특징을 보여주려 한 것이다.

영화 엿보기 1. 피를 토하던 이순신! 대체 왜?
영화 엿보기 2. 너는 열도 놈이냐 반도 놈이냐!
영화 엿보기 3. 조선 수군의 비밀

영화 엿보기 1. 피를 토하던 이순신! 대체 왜?

피를 토하는 이순신 장군의 모습은 조선 수군의 미래를 보여주듯 불안했다. 연전연승의 전설, 이순신에게 어떤 일이 있었던 것일까?

토사구팽(兎死狗烹), 토끼 사냥이 끝나면 사냥개를 잡아먹는다는 고사이다. 당시, 이순신의 처지가 그랬다. 일본이 조선을 차지하지 못한 이유 중 하나는 이순신의 수군이었다. 이순신은 '삼도수군통제사(경상도, 전라도, 충청도 수군을 총괄)'로서 수군을 효율적으로 통제했고, 일본군을 위협했다.

1597년 3월, 이순신은 한양 감옥에 갇혔다.

이순신을 두려워한 일본의 기만전술에 선조가 넘어갔기 때문이다. 임진왜란은 일본의 계획대로 진행되지 않았다. 조선 수군의 활약 때문이다. 거기다 휴전이 실패하면서 정유재란이 일어났다.

이때, '가토 기요마사가 바다를 건너와 부산을 통해 상륙할 것이다'라는 소문이 조선에 나돌기 시작했다. 당시 조명연합군은 가토 기요마사를 잡을 수 있으리라 판단했다.

그러나 이것은 일본의 기만술이었다. 선조는 이순신에게 부산으로 출동하여 가토를 공격하라는 명령을 내렸다. 하지만 이순신은 출동하지 않았다. 부산 앞바다는 조선 수군이 활약하기에 좋은 장소가 아니었기 때문이다.

당시 조선 수군의 주력 전선은 '판옥선'이었는데 바닥이 평평한 평저선의 형태였다. 이순신의 연승은 이 판옥선이 활약할 수 있는 복잡한 해안선과 섬들이 펼쳐진 전라남도 해안을 전쟁터로 삼았기에 가능했다.

그리고 이순신은 때마침 남해현에 들렀다가 풍랑을 만나 움직일 수 없는 상태였다.

하지만 선조는 이순신을 재촉했다. 현장을 모르는 사람들이 가장 잘 저지를 수 있는 실수였다. 이순신은 선조의 명령을 거부했다.

가토는 무사히 부산에 상륙했다는 소식이 돌자, 선조는 격노했다. 이때, 원균이 이순신의 잘못을 지적하며 상소문을 올렸다. 결국, 이순신은 명령을 거부했다는 죄목으로 1597년 2월 6일 파직되고, 압송되었다. 후임은 이순신을 비난했던 원균이었다.

기록에 따르면 투옥된 이순신은 한 차례 고문을 받았던 것으로 추정된다. 당시 실록에는 선조가 이순신을 두고 '역적이다.', '이제 가토의 머리를 가지고 온다고 해도 용서할 수 없다.', '임금과 조정을 기만했다.' 등 격렬하게 비난했다고 한다. 이순신의 생사는 장담할 수 없었다.

다행스럽게도 우의정 정탁, 영의정 이원익의 필사적인 만류로 사형을 면제할 수 있었다. 이순신은 권율 휘하의 백의종군을 지시받았다.

이순신이 어떤 고문을 받았는지는 실록에 자세한 기록은 없지만 정탁의 「신구차」에 따르면 정강이를 때리는 고문이었다고 한다.

이순신에서 원균으로 수군통제사가 바뀐 조선 수군은 그해 7월, 칠천량 전투에서 대패했다. 이순신이 공들여 키웠던 140여 척의 전선과 수군 만 여명이 궤멸 된 것은 치명적이었다.

놀란 조정은 다시 이순신을 삼도수군통제사로 임명했지만, 그에게 남은 것은 고작 전선 12척이 전부였다.

세계사를 살펴보면 위기에 처한 나라를 구해낸 명장은 많다. 하지만 이순신처럼 나라의 지원을 받지 못한 상태로 7년간 이어진 전쟁에서 한 번의 패배도 없는 전공을 세웠으며 적국에서조차도 추앙과 존경을 받은 인물은 흔하지 않다.

그러나 반대로 이순신에 대한 이미지가 후대에 의해 과대포장 되었다는 주장도 있다. 이순신의 집안 후손인 이식(李植)은 광해군을 몰아내고 정권을 잡은 뒤 선조실록을 선별적으로 개찬(改纂)하여 〈수정실록〉을 만들었다.

70~80년대 군사정권 시절, 광화문에 이순신 동상을 세우는 등 무신 영웅 이미지 만들기를 통해 군사정권의 정당성 작업과 춘원 이광수의 신문 연재소설 『이순신』에서 이순신 이미지를 만들어 그들의 의도대로 이용하였다.

현충사의 성역화, 『난중일기』 국보 지정, 탄신일 기념, 국가 제사,영화 제작 및 단체 관람 등을 통해 국민 의식을 개조하려 했다는 의견도 있다.

이러한 논란들은 영웅이 없는 시대에 영웅이 나타나기를 기다리는 사람들의 열망의 표현이다.

영화 엿보기 2. 너는 열도 놈이냐 반도 놈이냐!

임진왜란 기간 중 조선에 귀순한 왜군들을 '항왜'(降倭)라고 부른다. 영화 〈명량〉에서도 항왜를 찾을 수 있다. 이순신의 부하 '준사'가 대표적이다.

영화 속 구루시마(류승룡 분)는 준사(오타니 료헤이 분)에게 칼을 겨누며 열도 놈이 왜 조선반도 놈처럼 행동하는지 꾸짖는다. 실제로 준사는 이순신이 쓴 『난중일기』에 등장하는 항왜다. 그는 명량 해전에서 대장선에서 해적왕 구루지마의 시체를 발견하여, 조선 수군의 기세를 올렸다.

임진왜란 동안 항왜들은 무려 1만에 달했다고 한다. 이들은 왜 자신의 조국을 배신하고 조선에 항복한 것일까?

일본은 오랜 기간 내전을 겪었다. 이때를 전국시대(戰國時代)라고 한다. 이 분열을 통일한 이가 도요토미 히데요시다. 외형적으로 일본은 통일되었으나 내부적으로는 여전히 분열되어 있었다. 이 분열은 불만을 낳았고, 불만의 화살은 도요토미 히데요시를 향하고 있었다.

이외에도 조선에 대해 동경도 한몫했다. 대표적인 이가 '사야가(김충선)'이다. 그는 남긴 「모하당술회가」에 의하면 오랑캐의 문화를 가진 땅(일본)에서 태어난 것을 후회하고 수준 높은 문물을 가진 곳(조선)을 동경한다고 기록하고 있다. 이런 요소들이 원인이 되어 임진왜란이 발생하자 부하 3,000명을 이끌고 조선에 귀화하였다.

이후 순찰사 김수의 휘하에 들어가 경주와 울산 등지에서 일본군과 싸워 공을 세웠다. 일본군 출신인 만큼 그들의 전투 스타일을 잘 파악했기 때문이다. 전투에서뿐만 아니라 조총과 화포 등의 무기 제조기술을 조선에 이식하는데 이바지했다.

조정에서는 그 공을 높이 사 가선대부(嘉善大夫)의 직책을 내리고 조선식 이름인 '김충선'을 하사하였다.

이후 임진왜란이 끝나고 1600년 경상도 달성군 우록마을에 자리를 잡고 살았다. 이괄의 난과 정묘호란, 병자호란에서도 활약하였다. 특히 병자호란 때에는 66세의 나이임에도 불구하고 노구를 이끌고 광주 쌍령에서 청나라 군과 맞서 싸워 이들을 격파하는 전공을 세웠다.

1642년 달성군 우록마을에서 세상을 떠났으나 후손들이 지금도 마을을 지키며 살고 있다고 한다.

세상의 이치가 그러듯 반대의 경우도 있었다. 일본에 협력하는 조선인을 '순왜(順倭)'로 불렸다. 류성룡의 『징비록』에서는 고니시 유키나가가 평양성을 점령할 때의 일이 기록되어 있다.

당시 선조는 일본군을 피해 의주까지 피난 갔다. 그런데 류성룡의 지시가 전장의 장군들에게 제대로 전달되지 못한 일이 벌어졌다. 의아하게 여긴 류성룡이 직접 사안을 조사한 결과 김순량이라는 조선인이 일본에 정보를 넘긴 것임이 밝혀졌다. 김순량은 그 대가로 소 한 마리를 받아온 것이 확인되어 처형하였다.

이외에도 평안도 곳곳에서 일본군의 첩자 노릇을 한 조선인이 40여 명이나 있다는 사실이 밝혀졌다. 조선에 심어둔 첩자들이 잡히자 일본의 정보력이 약해졌다. 그 덕분에 조선은 평양성 전투에서 승리할 수 있었다. 류성룡은 『징비록』에서 평양성 전투를 승리로 이끌 수 있었던 원인 중 하나로 '순왜'들 척결을 들 정도였다.

가장 대표적인 '순왜'로는 '국경인'과 '국세필'이 있다. 선조는 피난 가는 와중에 왕자들에게 일부 신하와 군병을 내어주어 민심을 수습하고 식량을 모으고 의병을 모집하라는 임무를 맡겼다. 그중 임해군과 순화군이 있었다.

함경도로 파견된 두 왕자는 현지에서 민심을 달래고 의병을 모으기는커녕 행패를 부렸다. 결국, 함경도 현지인이었던 국경인과 국세필이 5천의 무리를 이끌고 반란을 일으켰다. 이후 임해군과 순화군을 체포하여 가토 기요마사에게 포로로 넘겨버렸다.

'순왜'들의 정체는 조선 지배층들의 한계를 반영하는 거울이었다.

영화 엿보기 3. 조선 수군의 비밀

칠천량 해전에서 남해안의 조선 수군은 궤멸적 타격을 입었다. 쓸 만한 전선은 고작 12척에 불과했다. 후에 보강되어 13척이 되었지만 일본을 막기에는 역부족이었다. 압도적인 전력 차를 극복하기 위해서는 조선 수군에 유리한 곳을 찾아야 했다. 이순신은 방어에 유리한 진도 울돌목의 물살과 지형에 주목했다. 이때 일본군은 제해권을 장악하기 위해 해남 부근에 수군을 주둔시켰다.

1597년 음력 9월 16일, 일본 수군은 울돌목에 진입했다. 이순신의 함대 13척은 진도 북쪽의 좁은 해협에 일렬로 늘어서서 다가오는 일본 수군의 전선들을 상대할 준비를 끝냈다.

일본 수군의 위용은 대단했다. 기록마다 다르지만 133척 혹은 333척에 이를 정도로 대규모 전선이었다. 압도적인 규모였다.

이러한 상황이 되면, 누구나 겁에 질렸을 것이다. 천하의 이순신 밑에서 연전연승을 경험했던 장수들도 마찬가지였다. 이순신 부하 장수들은 소극적으로 움직이며 눈치를 보기 시작했다.

바다 위, 외로운 이순신의 대장선만이 홀로 서 있었다. 하지만 이순신은 믿고 있었다. 바로 조선 수군의 화포와 판옥선이 가진 장점을 말이다. 자신의 장점을 명확하게 파악할 수 있는 것은 이순신의 탁월한 능력 중 하나였다.

이순신의 대장선은 물살을 타고 빠르게 몰려오는 일본 수군을 향해 쉬지 않고 화포를 쏘아댔다. 조선의 화포는 대표적으로 '총통' 종류의 화포였다. 조선은 최무선과 그 아들 최해산의 노력으로 다양한 화약 무기를 개발했고 실전 배치에 성공했다. 조선의 화포는 수군의 전선에도 장착할 수 있을 정도로 발전했다.

화포가 안정적으로 전선에 장착될 수 있었던 것은 조선 전선 '판옥선'의 구조 때문이었다. 판옥선은 조선의 주력 전선이다. 1555년 을묘왜변으로 인해 큰 피해를 본 조선은 판옥선을 개발하였다. 바닥이 평평한 평저선의 구조였기 때문에 화포를 발사했을 때 생기는 충격과 반동을 견뎌낼 수 있었다.

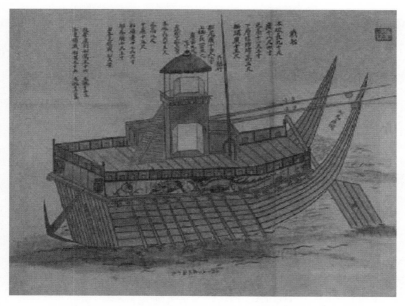

판옥선은 바다 위의 성이었으며, 조선의 주력 전선이었다.

방어력도 높았다. 적들이 접근해서 배로 올라타지 못하도록 측면에 방패를 설치하고 갑판을 한층 더 올렸다. 한층 더 올린 갑판 위에 지금의 함교(지휘실)와 같은 '판옥'을 설치했기에 '판옥선'이라고 불렀다.

판옥선은 조수간만의 차가 크고 복잡한 해안선을 가진 남해안에서 전투를 벌이기에 최적화된 구조였다. 말 그대로 바다 위의 떠다니는 성이었다.

판옥선과 짝을 이루는 배가 돌격선이라 할 수 있는 '거북선'이다. 거북선은 이미 임진왜란 이전부터 제작되어 사용되었다고 한다. 조선 태종 때(1413년)에 거북선이 제작되어 시험운행을 했다는 기록이 남아 있다. 다만 이때 제작된 거북선과 우리가 아는 거북선은 구조의 차이가 있는 것으로 추측된다.

이순신이 전라 좌수사로 임명된 후 기존 거북선을 개량했으나 그 당시의 실물은 남아 있지 않아 거북선의 구조를 명확히 알 수 없다. 현재 알려진 바로는 판옥선 위에 거북 모양의 상갑판을 덧씌우고 적군이 배에 접근하지 못하도록 송곳과 칼날을 꽂아 두었다고 한다. 특히 전후좌우 사방에서 화포를 발사할 수 있도록 설계된 덕에 일본 수군과의 전투시 적진으로 돌진하면서 사방으로 화포를 발사할 수 있었다.

반면 일본의 전선들은 조선과 구조적으로 매우 달랐다. 그것은 일본 수군이 원래 정규군이 아닌, 해적들이었기 때문이다. 해적의 특성상 그들의 전선은 내구성보다는 속도에 더 중점을 두었다. 일본의 전선은 빠르게 이동할 수 있는 구조였다.

일본의 대표적인 전선은 안택선(아타케부네), 관선(세키부네)이 있다. 두 전선 모두 임진왜란 때 사용되었다. 안택선은 일본 수군의 가장 큰 전선으로 전투 요원 60명, 노 젓는 인원 20명이 탑승할 수 있었다. 관선은 일본 수군의 주력 함선으로 날렵한 선체로 속도가 빠른 전함이었다. 하지만 내구성이 약해서 화포를 충분히 장착하기 어려웠다.

일본 수군의 전선은 길이에 비해 폭이 좁아 속도는 빠르지만 튼튼하지 못했다. 이 말은 화포의 충격을 견딜 수 없다는 말과 같다. 선체 구조가 약했기 때문이다.

일본 수군은 백병전을 선호했다. 자연스럽게 주력 무기도 육군과 별반 다르지 않았다. 근접전에서 사용되는 일본식 검(타치, 카타나)은 수군에서도 여전히 사용되는 무기였고, 원거리 무기는 조총이었다.

일본의 안택선은 조선의 판옥선에 비해 폭이 좁아 충격에 약했다.

일본 수군은 조선 수군의 전선에 최대한 빠르게 접근해서 조총으로 제압사격을 한 뒤 조선 전선으로 뛰어올라 백병전을 벌여 함선을 빼앗았다.

영화 〈명량〉 속 전쟁 장면에서는 일본 수군들이 이순신의 대장선으로 뛰어올라 치열하게 백병전을 벌이는 장면이 나온다. 기본적인 일본 수군들의 해상전을 잘 묘사한 것이다.

그러나 실제 명량 해전에서는 일어나지 않은 장면이다. 이순신은 조선과 일본의 전선이 가진 차이를 명확히 이해하고 있었기 때문이다. 조선 수군이 가진 화포를 동원하여 원거리 일제 사격을 주로 했다. 일본 수군보다 원거리 공격이 가능했기 때문이다. 일본 수군은 속수무책으로 당할 수밖에 없었다.

명량 해전 전투 모형이다. 조선 수군(上)은 울돌목의 물길로 일본 수군(下)를 유인하였다. (출처 : 천안 독립 기념관)

거기다 전쟁이 일어난 지역의 지리적 특성도 미리 분석하였다. 이순신의 연전연승 신화는 우연이 아닌 철저한 분석의 결과였다.

외로운 이순신의 대장선. 홀로 일본 수군을 막고 있는 그의 전선을 보면서 조선 수군은 어떤 생각을 했을까?

반전이 일어났다.

전투가 한창 진행되자 현령 안위, 중군장 김응함의 전선이 이순신 대장선 옆으로 다가온 것이다. 이순신은 더 이상 혼자가 아니었다.

그들의 합류로 명량 해전은 더욱더 치열해 졌다. 정오가 될 무렵 녹도 만호 송여종, 평산포 대장 정응두의 함선이 합류하기 시작하면서 조선 수군의 기세는 거세졌다.

조선 수군의 기세는 거세졌다. 이미 좁은 울돌목의 수로에 너무 많은 일본 수군이 들어왔기 때문이다. 일본 수군은 이순신의 계략에 완전히 넘어갔다는 것을 깨달았다.

2명. 조선 수군의 사망자 수였다. 전선은 한 척도 잃지 않았다. 반면 일본 수군은 『난중일기』에 의하면 31척이 침몰했고 많은 이들이 바다에 수장되었다고 한다.

명량 해전은 임진왜란의 흐름을 바꿨다.

3. 영화 더 보기 (구르믈 버서난 달처럼)

임진왜란 전부터 조선 내부는 흔들리고 있었다. 신하들은 자신이 지지하는 붕당에 소속되었고, 정치적으로 갈등했다.

백성들은 많은 세금과 수탈에 힘겨워했다. 왕도 신하도 대안을 제시하지 못했다. 그렇게 백성들은 버려졌다.

조선의 위기에 모두가 평등한 새로운 세상을 꿈꾼 정여립과 왕을 꿈꾼 이몽학은 시대의 거울이었다.

〈구르믈 버서난 달처럼〉(이준익 감독, 2010) 포스터
제작사 : ㈜영화사아침, ㈜타이거픽쳐스   배급사 : SK텔레콤

영화 더 보기 1. 이몽학, 왕을 꿈꾸다.

영화 〈명량〉(김한민 감독, 2014)은 외부의 적과 싸우는 이야기라면
영화 〈구르믈 버서난 달처럼〉(이준익, 2010)은 내부의 적과 싸우는 이
야기다.

임진왜란 직전, 모두가 평등한 세상을 꿈꾼 정여립, 황정학(황정민 분), 이몽학(차승원 분)은 대동계를 만들었다. 하지만 반역으로 몰리며, 대동계는 해체되었다.

이 와중에 정여립이 허무하게 죽자 이몽학은 대동계를 모아 반란을 일으킨다. 그를 막고자 했던 황정학과 견자(백성현 분)는 이몽학을 추격하지만, 임진왜란이 발생하면서 영화는 정점을 향해 치닫는다.

영화는 실제 '이몽학의 난'을 배경으로 제작되었다. 그런데 이 난은 시기가 영화와 다르다. 영화는 1592년을 배경으로 하지만 실제는 임진왜란 발생 후였던 1596년이다. 또한 반란군이 수도 한양을 점령한 것으로 나오지만 사실과 다르다. 한양 근처에도 가지 못했고, 충청도 일대에서 진압되었다.

왜 이몽학의 난이 발생했을까?

임진왜란은 백성들의 삶을 더 궁지로 몰아세웠다. 잠깐의 휴전기간에도 백성들은 쉬지 못했다. 성을 쌓아야 했고, 생산된 식량을 국가의 군량미로 바쳐야 했다. 사회 전반적으로 불만이 팽배해졌을 때다. 절대권력자 선조는 무능력만 보이며 도망가기 바빴고, 백성들의 안위는 지켜주지 못했다. 백성들에게는 큰 배신으로 다가왔다.

이몽학은 이 틈을 보았다. 그는 원래 서얼 출신의 왕족이었지만 어릴 때 집안으로부터 버림받은 채 자랐다고 한다. 난세는 새로운 영웅을 필요로 한다. 이몽학에게는 임진왜란으로 흉흉해진 그때가 기회였다. 그는 자신을 따르는 무리를 모아 충청도 지방에서 반란을 일으켰다. 반란은 순식간에 커져나갔다. 수만명의 무리가 모였다. 곧 왕이 될 수 있을 것이라는 환상이 이몽학의 야심을 자극했다.

하지만 쉽게 타오르는 불은 쉽게 꺼진다. 나라를 바꿀 것 같았던 반란의 기운은 홍주성 공략의 실패로 인해 사그라들기 시작했다. 거기다 각지에서 모여든 의병들이 참전하면서 반란은 진압되었다. 결국 부하들의 배신으로 이몽학은 죽임을 당했고, 임진왜란 속 일개 반란의 해프닝으로 끝났다.

그러나 이몽학의 난이 꺼지면서 튀긴 불씨는 엉뚱한 곳에서타올랐다. 진압에 나섰던 의병장들이 반란죄로 엮인 것이다. 곽재우, 김덕령은 고초를 당해야 했고, 심지어 김덕령은 옥사했다. 그나마 곽재우는 '운이 좋아' 풀려날 수 있었을 뿐이었다.

영화는 '이몽학의 난'을 상상력을 통해 대동계와 연계하여 재구성하였다. 시간을 비틀어 임진왜란 직후로 바꾸고, 한양 진격이 성공한 것으로 그리고 있다. 이후 이몽학의 반란이 실패한 원인을 한양으로 입성한 왜군이 몰살시킨 것으로 마무리했다.

사실 영화 속에서 '이몽학의 난'보다 더 눈여겨볼 만한 것은 정여립의 난과 붕당 간의 갈등이다.

붕당(朋黨)은 사림이 정국을 주도하고 형성된 집단이다. 학맥과 정치적 입장에 따라 결성되었다. '동인, 서인, 남인, 북인, 노론, 소론' 등이 조선의 정치를 이끌어갔던 대표적인 붕당들이다. 최초로 생겨난 붕당은 동인과 서인이다. 영화 초반부에 잠시 소개되는 '정여립의 난'이 바로 동인과 서인이 충돌했던 사건이었다.

영화는 '대동계'를 통해 이몽학과 정여립을 연결했다. 그리고 '정여립의 난'이 터지고 나서 그 둘은 다른 길로 간 것으로 그리고 있다. 물론 이것은 사실이 아닌 픽션이다. 하지만 영화는 이 둘을 연결하면서 어떤 이야기를 하고 싶었던 것일까? 개인적 야망을 보인 이몽학과 모두를 위한 대동의 세상을 꿈 꾼 정여립을 비교하고 싶었던 것이 아닐까?

당시 조선에 필요했던 이는 이몽학이 아닌 정여립이었다.

영화 더하기 2. 정여립, 새로운 세상을 꿈꾸다.

임진왜란 직전에 터졌던 '정여립의 난'은 어떤 사건일까?

원래 정여립은 선조 대에 관직 생활을 하던 인물이었다. 그는 원래 서인의 계열에 속해 있다가 동인으로 당을 바꾼 인물이다. 여기서 동인은 퇴계 이황의 제자들이 중심이 되어 결성된 붕당으로 원칙을 강조했다.

반면 서인은 율곡 이이와 그 제자들이 다수 포진되어 있었다. 붕당이 형성될 초기에는 동인의 세력이 강했다. 서인에서 동인으로 붕당을 옮긴 정여립 자체는 돌아다니는 시한폭탄이었다고 할 수 있다.

정여립은 선조의 미움을 받아 고향으로 돌아가서 '대동계'를 조직하였다. 전라북도 진안에서 지역 인사들과 함께 활쏘기 모임 겸 치안 유지를 위한 목적으로 결성되었으며, 왜구의 침략을 격퇴하면서 점차 무력을 가진 단체로 성장했다.

정여립은 왜 대동계를 만들었을까?

그는 평소에 "천하는 공공의 물건(天下公物)이며 누구를 섬긴들 임금이 아니랴(何事非君)"라는 생각을 하고 있었다고 한다. 이런 말을 했던 것을 봤을 때 정여립은 당시 지식인들과 사상이 달랐던 인물이다. 특히 그의 말은 반역의 여지로 비칠 여지가 상당했다. 또한, 당시 조선과 다른 세상을 꿈꾸고 있음을 잘 보여준다.

당시 조선은 '다른 것은 틀린 것이다.'로 해석될 수 있는 시대였다. 황해도 관찰사는 선조에게 '정여립이 대동계를 바탕으로 군대를 양성하고 있으며 겨울에 한강을 건너 도성으로 진격해서 반란을 일으킬 것이다'라는 보고서를 올리면서 사건은 커졌다.

'정여립의 난(기축옥사)'이 발생했다. 그러나 반란이라는 이름과는 다르게 '정여립의 난'은 일어나지도 않은 사건이다. 정여립이 체포 직전에 자살해 버렸다.

그러나 '반란'의 파급효과는 컸다. 선조는 정여립과 연관된 동인들을 제거하면서 서인에 힘을 실어줬다. 2년간의 옥사 끝에 약 1,000명에 가까운 사람들이 끌려와서 고문을 당하거나 제거되었다.

이 사건으로 인해 조선은 유능한 신하들을 잃어버렸고, 붕당 간의 갈등이 심해졌다. 동인은 북인과 남인으로 갈라졌다. 의견은 분열되고, 단합은 요원해 졌다.

'기축옥사가 없었으면 임진왜란도 없었을 것이다'라는 말은 정여립의 난이 가져온 피해가 조선의 국력에 얼마나 큰 타격을 가져왔는지를 보여준다.

영화는 이몽학과 정여립 입장에서 바라본 '새로운 세상'에 주목하였다. 분명한 것은 이몽학이 꿈꾼 세상은 기존 조선 지배층과 다를 바 없는 국가였다는 것이다. 반면 정여립은 다른 세상을 꿈꿨다. 자신만을 위한 세상과 모두를 위한 세상은 분명 다르다. 영화는 이 두 명을 통해 우리가 꿈꾸는 세상이 무엇인지 묻고 있다.

4. 만약에 한국사

만약에 한국사 1. 이순신이 육군에 합류했다면?

> 1. 육지에서 큰 승리를 거두고 전쟁을 끝냈을 것이다.
> 2. 일본군이 바닷길을 타고 한양까지 밀고 들어왔을 것이다.

이순신 장군의 군사적 능력은 조선과 일본, 명나라 모두 인정했다. 개인적인 전술적 능력은 부정할 수 없다. 하지만 동아시아 삼국이 모두 참전하는 국제 전쟁이었던 만큼 다양한 변수를 두고 고민하게 만드는 가정이다.

먼저 이순신 장군의 육지전 능력은 어떠했을까?

우리가 알고 있던 이순신의 전공은 대부분 바다에서 이뤄낸 것이다. 하지만 사실 이순신 장군은 북방의 여진족을 상대하던 육군 출신의 장수였다. 두만강 하류에 있는 녹둔도에서 여진족을 상대로 싸웠던 적이 있었고 성과도 있었다. 그러나 상관 이일의 미움을 샀고, 승전이 패배로 보고되면서 공을 인정받지 못했다.

이순신의 육지 전투 경력은 이때가 전부였기 때문에 쉽게 판단하긴 어렵다. 하지만 이순신이 보여주었던 리더십과 전술적 식견, 용맹함과 신중함을 갖추고 있는 성격으로 볼 때 육지에서도 충분히 전공을 세웠으리라고 조심스럽게 추측할 수 있다. 그러나 분명 수군을 통제할 때보다는 많은 제약이 따랐을 것이다.

수군의 수도 많지 않았고, 전권을 위임받을지도 의문스럽다. 선조는 이순신을 시기했고 파직했던 경력이 있다. 그가 과연 이순신에게 어느 정도의 군대를 내어줬을까?

제한된 군사와 지휘권을 부여받았을 공산이 크다. 사실 육군은 이미 권율과 명나라의 군대가 중심적으로 군대를 지휘하고 있었다. 이순신은 수군만큼 전권을 가지지 못했을 것이고 보조로서 전쟁에 참여했을 것이다. 결론적으로 그의 육군 합류는 큰 도움이 안 되었을 것이며, 육군을 보충하는 선에서 끝났을 확률이 높다.

이렇게 될 경우, 전쟁은 점차 일본에 유리해졌을 것이다. 일본 수군은 기본적으로 수륙병진 작전이었다. 일본 육군이 한양까지 밀고 올라갈 때, 수군은 바닷길을 통해서 대량의 식량과 물자를 공급하는 것이다. 그러나 이 작전의 가장 큰 장애물이 이순신의 수군이었다.

만약 이순신의 수군이 해산되었다면?

일본으로서는 이보다 더 좋은 기회는 없을 것이다. 물론 반론도 가능하다. 당시 조선의 수군은 경기도에도 있었다. 강화도와 김포 사이의 좁은 해역을 통과할 때 일본 수군을 격퇴할 수도 있었을 것이다. 이것을 반영하더라도, 일본의 작전은 성공했을 것이다. 일본 수군이 무리하며 한양까지 북상하지 않더라도, 충청도까지 군수물자를 보급할 수 있기 때문이다.

결국, 일본은 이순신과 조선 수군이 사라진 바다를 장악하여 수륙병진 작전은 성공했을 것이다. 바다를 통한 다양한 공격 루트와 주기적으로 지급되는 군수물자는 조선에 큰 타격을 주었을 것이다. 이순신 수군의 활약으로도 남해안의 왜군들을 남해안의 왜군들을 밀어내지 못했다. 조선 전체가 일본에 점령당하지는 않았더라도 최소 하삼도 지역(경상,

전라, 충청)은 일본의 영토로 인정될 수도 있었다. 이미 휴전협상에서는 조선의 4도를 할양할 이야기가 나왔던 적도 있다. 그만큼 조선 수군의 활약이 없었다면, 전쟁은 더욱 어렵게 진행되었을 것이다.

최종적으로는 명나라가 철군할 수도 있었다. 명나라에 있어 임진왜란 참전은 엄청난 군비를 쏟아붓고 있었기 때문이다.

만약에 한국사 2. 임진왜란 소재 영화를 만든다면?

1. 의병들의 활약 – 조헌과 영규의 700의총
2. 반격의 시작 – 평양성 전투, 행주 대첩
3. '명량'의 속편 – 한산도 해전, 노량 해전
4. 포로들의 삶 – 도공들의 이야기, 루벤스의 그림 속 조선남자

임진왜란 초반에 조선군이 속절없이 무너졌다. 위기의 순간, 의병들이 각지에서 일어났다. 그 중 대표적인 의병장으로 조헌과 영규가 있다. 조헌과 영규는 충청도 일대에서 일본군에게 큰 타격을 주었다. 하지만 금산 전투에서 전멸당했다. 이들을 기리는 무덤으로 700의총이 만들어졌다.

의병장을 중심으로 한 영화는 제작된 적이 없다. **의병장들의 인간적인 이야기를 전쟁과 연관시켜 제작할 수 있다.**

다음으로는 조명연합군의 반격을 다룬 소재로 평양성 전투와 행주 대첩을 이야기할 수 있다. 역시 영화로 만들기 좋은 소재다. 이 전투들은 다양한 화약 무기가 사용되어 다양한 볼거리를 영화로 구현할 수

있다.

세 번째는 〈명량〉의 속편 〈노량〉이다. 김한민 감독은 명량에서 시작되어 한산도 해전, 노량 해전으로 이어지는 3부작을 계획하고 있다고 인터뷰 한 바 있다.

〈한산도〉는 거북선의 활약을 기대해 볼 수 있다. 〈노량〉은 이순신 장군의 인간적 고뇌를 더 부각해서 접근할 수 있다.

마지막은 포로들의 삶을 영화로 제작해 보는 것이다. 임진왜란 때 많은 조선인이 일본의 포로로 끌려갔다. 도공들이 대표적이다. 강제로 일본으로 끌려간 도공들은 일본 도자기 문화 발전에 크게 이바지했다. 일본 도자기 시조 이삼평이 대표적이다. 1983년, 영국 크리스티 경매에 깜짝 놀란 그림이 공개되었다. 바로 루벤스가 그린 것으로 추정되는 '조선 남자'였다. 한복을 입고 상투를 튼 조선 남자는 왜 루벤스의 모델이 되었을까?

어떤 학자들은 임진왜란에서 일본이 생포해간 조선인 중 한 명이었던 안토니오 코레아라고 주장한다. 노예무역으로 유럽에까지 팔려간 것이다. 그의 파란만장한 삶을 추적하며 영화로 제작한다면 임진왜란 후 고단했던 포로들의 삶을 재구성할 수 있을 것이다. 다양한 이야기와 연계하여 영화로 제작할 만한 소재다.

루벤스의 조선 남자
(출처:Google Arts & Culture)

5장

광해, 왕이 된 남자

대립군

5장

〈광해, 왕이 된 남자〉, 〈대립군〉

진정한 왕의 모습은 무엇인가?

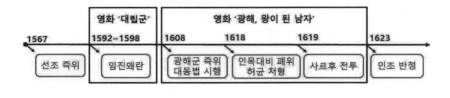

1. 영화 '광해, 왕이 된 남자' 알아보기

『지킬 박사와 하이드씨』라는 소설은 로버트 루이스 스티븐슨의 소설로서, 인간의 이중성을 다룬 작품이다. 이 소설 속 주인공 지킬 박사는 사람들로부터 존경받는 인물이다. 그러던 어느 날 약을 먹은 후 악의 화신 하이드씨가 된다. 이후 지킬 박사는 정체성의 혼란을 느낀다. 이 소설은 인간의 내면을 잘 묘사하고 있다. 누구나 마음 속에 선과 악이 공존하고 있기 때문이다.

광해군은 조선판 '지킬 박사와 하이드씨'라고 할 수 있다. 같은 사람에 대한 평가인데 상반된다. 한 쪽에서는 광해군을 명군(明君)으로, 다른 한쪽에서는 혼군(昏君)으로 평가한다.

영화 '광해'
예고편

〈광해, 왕이 된 남자〉 (추창민 감독, 2012) 포스터
제작사 : 리얼라이즈픽쳐스㈜, CJ 엔터테인먼트
배급사:CJ엔터테인먼트

광해군은 왜 이렇게 엇갈린 평가를 받는 것일까?

영화 〈광해, 왕이 된 남자〉(추창민, 2012)는 기발한 설정으로 이 질문에 답하고 있다. 광해군과 닮은 대역을 설정한 것이다.

영화는 첫 장면부터 인상적이다.

광해군 8년, 2월 28일 '숨겨야 할 일들은 기록에 남기지 말라 이르

다.'8)

'광해군 8년, 역모의 소문이 **흉흉하니** 임금께서 은밀히 이르다. 닮은 자를 구하라. 해가 저물면 편전에 머물게 할 것이다.'9)

두 자막은 광해군의 심리 상황을 잘 보여준다.

왕명을 받은 도승지 허균(류승룡 분)은 광해군과 똑 닮은 만담꾼 하선(이병헌 분)을 찾아 왕의 대역으로 세운다.

얼마 후, 광해군은 신하들과 권력다툼 중 양귀비에 취해 의식을 잃는다. 광해군의 대역이었던 하선은 내시와 궁녀들의 이야기를 통해 백성을 위한 정치가 무엇인지 깨닫는다. 그 결과 백성들을 위한 정책들을 발표한다. 대동법, 중립외교가 대표적이다. 만담꾼에 불과한 하선의 정치는 우리에게 진정한 리더가 갖춰야 할 자질이 무엇인지 고민하게 만든다.

2. 영화 '광해, 왕이 된 남자' 엿보기

임진왜란은 조선의 모든 것을 바꾸었다. 왕의 삶도, 백성의 삶도…. 황폐해진 토지와 감소한 인구, 피폐한 백성의 삶. 언제 다시 침략할지 모르는 일본과 북방을 위협하는 여진족. 임진왜란의 원군을 파견한 이후 많은 조공과 뇌물을 요구하는 명나라. 무능력한 왕실의 모습과 추락한 왕의 권위. 붕당으로 갈린 신하들의 대립.

왕으로서, 리더로서 해결해야 할 일들이 산적해 있었다. 조선의 운명은

---

8) 출처 : 시나리오 〈광해, 왕이 된 남자〉, CJ엔터테인먼트
9) 출처 : 시나리오 〈광해, 왕이 된 남자〉, CJ엔터테인먼트

광해군의 손에 쥐어졌다.

선조의 서자이자 차남. 그리고 얼떨결에 왕세자가 된 광해군은 조선의 15대 임금이다.

광해군은 여러 면에서 평가가 엇갈리는 이유 중 하나는 폐위되었기 때문이다. 묘호는 왕의 업적을 바탕으로 신하들이 붙인 호칭이다. 그런데 폐위된 연산군과 광해군만 묘호가 없다. 흔히 말하는 것처럼 역사는 승자의 기록이기 때문이다.

반대로 폐위되었기 때문에 정당한 역사적 평가를 못 받은 것일 수 있다. 광해군은 뛰어난 자질을 가진 왕이다. 왕세자 시절에 보여준 분조를 성공적으로 이끈 경험, 백성들을 위해 실시한 대동법과 탁월한 외교 감각을 바탕으로 진행된 중립외교를 보면 광해군은 분명 평가 절하된 왕이다.

영화 엿보기 1. 두 명의 광해군과 대역의 역사
영화 엿보기 2. 광해군의 대동법 뒷이야기
영화 엿보기 3. 중립외교라는 이름의 메아리
영화 엿보기 4. 두 얼굴의 허균

영화 엿보기 1. 두 명의 광해군과 대역의 역사

도플갱어. 독일어에서 유래한 말인데, '이중으로 돌아다니는 자'라는 의미다. 즉 분신을 의미한다.

영화 속 광해군에게는 도플갱어가 있다. 바로 하선이다. 광해군은 하선을 자신의 대역으로 활용하여, 생명을 지키고자 했다.

실제, 광해군은 하선과 같은 대역을 두었을까?

『조선왕조실록』 어디에도, 광해군의 도플갱어 하선의 이야기는 없다. 만약 광해군의 대역이 있었다면, 광해군을 폐위시킨 인조반정 세력들이 반드시 기록했을 것이다. 광해군의 실정을 부각하고 인조반정의 정당성을 높일 수 있기 때문이다.

역사 속에서 왕들이 대역을 사용했던 사례는 제법 많다.

중국의 경우 한나라 고조 유방이 대표적이다. 고조의 부하였던 기신은 대역으로 활동하다가 항우에게 목숨을 잃기도 했다.

베트남의 역사에도 대역을 찾을 수 있다. 베트남 떠이선 왕조의 태조 응우옌반후에(Nguyễn Văn Huệ)는 자신의 대역을 청나라 건륭제 팔순 축전에 보낸 적도 있다. 직접 가기 껄끄러웠기 때문이다.

대역의 존재는 전국시대 일본 다이묘에서 흔히 찾아볼 수 있다. 가게무샤(かげむしゃ)라고 하는데, 다이묘의 대역으로 다이묘와 같은 대접을 받았다. 다이묘들은 항상 신변의 위협을 받고 있었기 때문에, 대역은 자객의 손에 죽을 확률이 높았다고 한다.

우리 역사 속에서도 대역들을 사용한 사례를 찾을 수 있다.

삼국 시대에는 신라의 온군해(溫君解)가 대표적이다. 그는 김춘추의 대역이었다. 김춘추가 고구려 군사에게 집힐 위기에 처하자, 대신 잡혀 죽었다.

고려 태조 왕건은 공산 전투에서 후백제 견훤에게 포위당하자 신숭겸이 왕건의 옷을 대신 입고 싸우다 전사한 적도 있다.

고려 후기 때는 김용이 반란을 일으켜 50여 명의 자객을 공민왕에게 보낸 적이 있었다. 환관 안도치는 공민왕과 닮아 대역을 자처하였고, 대신 암살 당했다.

대역은 위기의 상황에서 왕을 대신해 목숨을 바친 존재들이었다. 그러나 사례에서 찾아봤듯이 조선왕의 대역은 찾기 어렵다. 역설적이게도 조선의 정치가 안정적이었음을 의미한다.

한때 조선왕들이 독살되었다는 주장이 제기된 적이 있었다. 하지만 이 주장은 추측에 불과하다. 조선은 세계에서 유래를 찾기 어려울 정도로 안정적인 정권을 유지한 나라였다.

500여 년간 나라가 유지될 수 있다는 것, 다양한 이해관계를 가진 사회 구성원들의 갈등을 해소했다는 것과 같은 의미다. 조선은 우리가 생각하는 것 이상으로 힘을 가진 국가였다.

영화 엿보기 2. 광해군의 대동법 뒷이야기

영화에서 가장 기억에 남는 장면은 무엇인가. 개인적으로는 '대동법'을 시행하는 장면이다. 하선은 사월(심은경 분)의 가슴 아픈 사연을 듣고 방납의 폐단을 알게 되었다. 그는 신하들의 반대에도 불구하고 대동법을 시행한다. 백성을 위한 정치가 무엇인지 하선은 알고 있었다.

기존에는 방납이라고 하여, 특산물을 국가에 납부하는 것이었다. 그러나 이 법은 재산의 유무와 상관없이 내야 했다. 반면 대동법은 소유한 토지 면적에 따라 세금을 내는 제도이다. 지금으로 따지면 대동법은 조세 정의가 실현된 법이라 할 수 있다.

"땅 열 마지기 가진 이에게 쌀 열 섬을 받고, 땅 한 마지기를 가진 이에게 쌀 한 섬을 받는다는 게, 차별이요?"[10)

대동법이 시행된다고 했을 때, 반대한 이들이 있었다. 바로 많은 땅을 가지고 있었던 양반들과 관료들이었다. 기존보다 더 많은 세금을 내야 했기 때문이다. 그래서 대동법은 전국적으로 시행되는데 100년의 세월을 필요로 했다.

그런데 양반과 관료 이외에 대동법 시행에 불만을 품은 의외의 인물이 있다.

예로부터 나라를 가진 자가 모두 '특산물이 나는 곳에 공물을 바치게' 했던 데에는 그 뜻이 있다. 그런데 이번 방납으로 교활한 수단을 부리는 폐단을 개혁하고자 이 '작미'라는 방법이 있었으니, 이는 그 근원은 맑게 하지 않고 하류만을 맑게 하고자 한 데 가깝지 않은가. 나의 견해는 이와 다르다.

『광해군 일기』

'나'는 누구일까? 바로 광해군이다. 우리가 아는 것과 다르게 광해군은 대동법에 대해서 부정적이었다.

사실, 대동법은 조광조 때부터 제기되었다. 하지만 시행되지 못했다. 지배층의 동의를 받기 어려웠기 때문이다. 임진왜란이 발생하자 겨우 시행될 수 있었다. 그것도 특수한 상황이었기 때문에 군량미 확보를 위한 목적으로 일부 지역에서 시행되었다. 백성들의 삶을 개선시키는 효과가 있어 선조 말년이 되면 충청도와 전라도 바닷가 고을 일부에서는

---

10) 출처 : 시나리오 〈광해, 왕이 된 남자〉, CJ엔터테인먼트

쌀을 세금으로 납부할 정도로 제도화되었다.

그래서 대동법 시작은 선조 말년부터라고 볼 수 있다. 선조가 승하하면서, 광해군이 선조의 법안을 승인한 것이라 보는 것이 옳다. 대동법이 시행된 것은 광해군의 의중보다는 시대적 필요성 때문이었다. 대동법을 시행해야 할 만큼 조선의 민심이 말이 아니었기 때문이다.

처음부터 대동법은 임시적 성격이 강한 제도였다. 담당 기구는 임시 관청이라는 의미를 지닌 '선혜청'이다. 그래서였을까? 대동법 폐지는 심심찮게 계속 제기되었다. 광해군도 이러한 의견에 동조하며, 대동법의 시행과 확대에 회의적이었다. 자연스럽게 대동법이 곧 폐지될 것이라는 소문이 나돌 정도였다. 그런데도 대동법이 유지된 것은 전적으로 이원익의 노력과 백성들의 요청 때문이었다.

경기도의 가난한 선비와 백성 263명은 연명장을 올리며 대동법이 지속하여야 한다고 주장하였다. 이처럼 대동법은 가난한 백성들에게 단비와도 같은 제도였다. 토지가 적어 예전보다 세금을 적게 내고, 생산되지 않은 특산물을 낼 필요가 없어졌기 때문이다.

백성들에게 큰 혜택이 되는 대동법을 왜 광해군은 부정적으로 바라봤던 것일까? 영화 속 하선의 말에서 그 원인을 찾을 수 있다.

하선은 대동법을 다시 실시하는 대신 궁궐공사를 즉각 중지하라고 명령한다. 궁궐공사에 필요한 자금을 충당하기 어렵기 때문이다. 당시 조선의 재정 상태는 심각했다. 임진왜란이 발생하기 전보다 76%가 감소했다. 이 예산의 대부분은 공납에서 마련했다.

대동법이 시행되면, 국가가 땅의 소유자를 명확하게 파악하고 있어야 한다. 하지만 전쟁으로 전국적으로 많은 땅이 황폐해져 있었다. 소유자 또한 불분명한 경우가 많았다. 공납을 걷을 때보다 세금의 양도 줄어든다.

당시 광해군은 막대한 돈이 필요했다. 창덕궁뿐 아니라 창경궁, 경희궁, 인경궁, 자수궁을 건설하고 정릉행궁(경운궁)을 확장했기 때문이다. 거기다 경복궁 재건과 수도 천도까지 검토할 정도로 궁궐에 집착했다.

조선왕조 전체를 살펴봐도 광해군처럼 많은 궁궐공사를 한 사례는 찾기 어렵다.

또 궁궐은 매우 화려하게 건설했다. 중국에서 전량 수입해야 하는 안료를 가지고 만든 청기와로 제작되기도 했으며, 때에 따라서는 황기와를 사용하려고 할 정도였다.

그만큼 광해군은 궁궐에 미쳐 있었다. 오항녕 교수의 『광해군, 그 위험한 거울』에 의하면, 궁궐공사 3개월 만에 사용된 철이 1년치 무기 제조에 사용된 철보다 많았다고 한다. 엄청난 양의 철을 궁궐공사에 허비한 것이다.

당연히 세금은 부족할 수밖에 없었다. 궁궐 공사비는 전체 예산의 15~20%에 달했다. 여러 세금이 인상되었는데 결포의 경우 기존보다 100% 인상될 정도였다. 이것도 부족하자 포목, 은, 비단, 철, 소금을 바치면 관직을 주었다. 매관매직이 만연하여 "거리가 벼슬아치로 가득 찼다"라는 비아냥이 나돌았다.

광해군의 궁궐에 대한 집착은 인조반정의 주요 명분 중 하나로 지목된다. 광해군은 왜 이렇게 궁궐에 집착했을까?

광해군은 정통성이 부족했다. 선조는 9명의 후궁과 13명의 자녀를 두었는데, 광해군은 선조의 둘째 아들이었다. 어머니 공빈 김씨는 후궁이었다. 지지기반이 약했다. 임진왜란의 공이 없었다면, 갑자기 선조가 승하하지 않았다면, 광해군은 왕이 되기 어려웠을 것이다.

어렵게 왕이 된 만큼, 광해군은 왕권에 집착했다. 강력한 왕권을 뽐내는 방법의 하나가 궁궐이다. 하지만 무리한 궁궐공사는 광해군을 파멸로 이끌 뿐이었다.

영화 엿보기 3. 중립 외교라는 이름의 메아리

임진왜란을 겨우 극복했지만 북방의 분위기는 심상치 않았다. 여진족이 무섭게 세력을 키웠기 때문이다. 명나라는 여진족을 공격하기 위해 조선에 파병을 요구했다. 냉정하게 보자면, 무리한 요구였다.

하지만 조선의 신하들은 명나라의 파병 요구를 수용해야 한다고 강력히 주장했다.

"적당히들 하시오. 적당히들. 대체 이 나라가 누구의 나라요! 뭐라? 이 땅이 오랑캐에 짓밟혀도 상관없다고? 부끄러운 줄 아시오. 좋소. 경들의 뜻대로 명에 2만의 군사를 파병하겠소. 하지만 나는 금에 서신을 보내겠소. 명이 두려워 2만의 군사를 파병하였으나 금(여진족)과 싸움을 원치 않는다. 우리 군사를 무사히 조선으로 돌려보내 줄 것을 부탁한다."[11]

이 장면은 우리가 잘 알고 있는 광해군의 중립외교를 다루고 있다. 국방에서 가장 고려할 점은 백성의 안위다. 광해군은 명나라와 여진족(후에 청나라를 건국했다.) 사이에서 조선의 피해를 최소화하고자 노력했다.

광해군의 외교적 판단은 철저한 상황 분석에서 나온 것이었다. 광해군은

---

11) 출처 : 시나리오 〈광해, 왕이 된 남자〉, CJ엔터테인먼트

평상시에도 북방문제에 상당히 많은 관심을 가졌고, 고려의 외교정책을 본받고자 했다. 지속해서 조총수와 포병을 양성하고, 북방의 성곽과 남한산성을 보수하거나 진법 훈련을 시행하기도 했다. 국방력을 강화하기 위해 일본의 조총과 장검을 수입하기 위해 노력했다.

또한, 북방을 잘 알고 있는 이들을 지속해서 파견하며 여진족의 상황을 예의주시했다. 왕과 신하의 토론 시간이라고 할 수 있는 경연은 많이 빠지면서도 국방 문제는 끝까지 신경 썼다. 그만큼 광해군은 여진족의 강함을 잘 알고 있었다.

당연히 명나라의 파병 요구는 광해군에게 받아들이기 힘든 것이었다. 명나라의 패배가 뻔해 보이는 상황인데, 조선의 국력을 낭비해야 할까?

광해군은 고민했다. 전쟁에 참여하는 순간, 조선 정예 군사를 보내야 했고, 여진족과 불편한 관계를 감수해야 했다. 광해군의 고민은 당시 여진족을 명확히 파악하고 있었기 때문에 가능한 것이었다.

광해군은 최대한 명나라의 파병 요구를 연기하거나 거부하고자 했다. 명나라에도 조언할 정도였다. 신중한 여진족 정벌과 국경을 방비하라는 내용이었다.

그렇다면 조선 내부의 여론은 어땠을까?

명나라의 파병 요구를 수락해야 한다는 의견이 중론이었다. 심지어 광해군을 지지했던 이이첨과 북인 세력마저도 찬성한 사안이었다. 광해군은 고립되었고, 파병을 선택했다.

중국어에 능했던 통역관 출신 강홍립을 도원수로 임명했다. 광해군의 의도를 알 수 있는 임명이다. 분명, 조선의 파병은 상당한 무리였다. 임진왜란이 끝나지 않은 얼마 안 된 시기였고 재정도 부족했다.

1619년 3월, 북방은 여전히 추웠다. 눈보라가 몰아쳤다. 1만 3천 명의 조선 군인들은 무거운 식량과 무기를 짊어지며 북쪽으로 향했다. 그러나 조선의 파병과는 상관없이 명나라는 대패했다. 조선군은 저항했으나 전멸 직전 강홍립은 신변보장을 약속받고 항복했다. 이 전투에서 1만 3천 명 중 9천 명 가량이 죽고, 나머지는 포로로 끌려갔다.(사르후 전투)

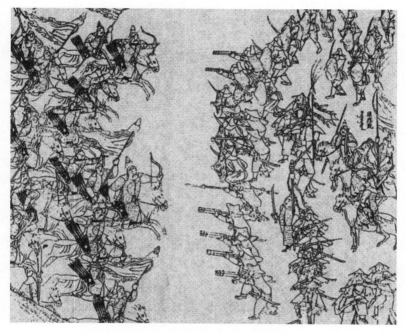

사르후 전투에서 조선군은 대패했다.

그마저도 조선에 제대로 돌아오지 못했고 정묘호란의 향도(길잡이)가 되었다. 힘겹게 키웠던 조선의 군대는 허무하게 사라졌다.

전쟁의 포로가 된 강홍립은 여진족의 동태를 파악하여 광해군에게 지속해서 정보를 제공했다. 또 여진족에게 조선의 입장을 알리기도 했다. 하지만 조선이 입은 피해를 돌이킬 수 없었다. 이미 일어난 일이었다. 그래서 광해군의 중립외교는 공허했다. 그의 노력과는 상관없이, 조선은 막대한 피해를 보았기 때문이다.

사르후 전투 이후 명나라는 요동지역을 상실하며 쇠락했다. 명나라는 청나라의 공격 없이도, 내부에서 무너졌다. 이자성의 반란으로 명나라 마지막 황제 숭정제는 자살했다. 혼란의 틈을 노린 여진족(청나라)은 손쉽게 중국을 차지했다.

여기서 주목할 점은 파병 실패 이후 광해군의 태도였다. 파병 실패 이후의 정세를 파악하여, 해결책을 제시해야 했다. 하지만 광해군은 파병의 실패를 신하들에게 돌리고 신하들을 비난하며 조롱했다. 광해군은 그렇게 신하들 사이에서 고립되어갔다.

전쟁 후 명나라는 조선의 피해 가족들에게 위로금을 보냈다. 그러나 광해군은 그 돈을 가족들에게 전달하지 않았다.

"강홍립 부대가 패전하여 수만 명의 백성이 쓰러져 죽어갔으니, 군사를 징발하고 군량을 운송하여 강변으로 들여보내는 것이 당장의 급선무였는데도 밤낮으로 일삼는 것이라고는 오직 궁궐을 짓는 한 가지 일밖에 없었다."라는 기록은 씁쓸함을 자아낸다.

이때, 리더라면 어떤 행동을 해야 옳을까?

어떤 문제가 발생할 것이 예측되었다면, 피해를 최소화하는 것이 리더의 역량이다. 대책을 제시해야 했다. 자신과 의견이 다른 이들을 수용하고, 포용할 수 있는 역량의 부재는 광해군의 몰락을 앞당겼다.

영화 엿보기 4. 두 얼굴의 허균

광해군은 점차 고립되었다. 각종 역모 사건 때문이었다. 영화에서도 역모 사건이 등장한다. 왕비 유씨의 동생은 반역죄로 고문을 받는다. 하지만 영화 속 하선은 반역의 죄가 없다고 말하고 풀어준다.

실제 역사에서는 어떠했을까?

광해군의 왕비 유 씨는 유희분, 희발, 희량과 남매 사이였다.

이들은 영화와 다르게 실제로는 광해군 당시 충분한 권세를 누리며 살았다. 인조반정이 일어나자 그들은 처형되거나 유배형에 처해졌다.

역모는 실제 광해군 치세에 많이 발생했다. 광해군이 역모를 주관하며 친국한 것만 해도 무려 344건에 달한다. 선조는 죽으면서 이렇게 말했다.

"형제 사랑하기를 내가 살아 있을 때처럼 하고 참소하는 자가 있어도 삼가 듣지 말라."

하지만 이 유언은 지켜지지 않았다. 광해군은 즉위년부터 친형 임해군을 역모로 몰아 제거하였다. 이후 봉신 옥사, 칠서의 옥, 신경희의 옥, 계축옥사가 연이어 일어났다. 당시 정국은 공포 분위기였다. 조작된 역모도 발생할 소지가 많았으며, 사회 분위기는 자연스럽게 경직되었다.

이러한 상황 속에서, 왕 곁을 떠나지 않았던 신하 한 명이 영화 속에 보인다. 바로 도승지 허균이다.

허균(1569~1618)은 어떠한 인물이었을까?

허균은 『홍길동전』의 저자로 알려져 있다. 그는 상당히 급진적이고 진보적인 사상을 가졌다고 평가받는다. 대표적인 주장이 '호민론'이다. 허균은 백성의 종류를 항민(恒民), 원민(怨民), 호민(豪民)으로 나누었다.

항민은 불합리한 현실에 순응하지만, 원민은 현실에 불만을 품고, 호민은 한술 더 떠서 반란을 기획한다고 썼다. 허균은 우리나라의 지배층이 폭정을 일삼는데도 호민의 수가 적어 변화가 일어나지 않아 높은 사람이 백성을 두려워하지 않음을 한탄하였다.

허균은 확실히 당시 지배층들과 생각이 달랐던 것 같다. 그래서 영화에서는 허균을 광해군의 조력자이면서, 하선의 지지자로 설정한 것이리라.

하지만 허균에 대한 당대의 평가를 살펴보면 영화에서의 이미지와는 달리 부정적인 기록도 제법 많다. 탐관오리로 지목되기도 했고, 기생과 놀다가 탄핵을 당하기도 했다. 과거 합격자에 친인척을 부정 합격시켜 물의를 일으킨 적도 있었다. 평소 서자들과 즐기며 놀았던 허균은 역모 사건의 하나였던 7서의

허균은 기회주의자인가? 개혁가인가?

옥(七庶之獄)에 연루되었다. 그러자 당시 권력자인 이이첨에 결탁하여 혐의를 벗고자 하였다.

허균은 이이첨을 만족시키기 위해, 광해군의 계모였던 인목대비를 쫓아내는데 앞장섰다. 결국, 인목대위는 폐위되었다. 이후 허균은 **"북방에서는 오랑캐가 쳐들어왔고, 남쪽에서는 남쪽 섬을 점령한 왜구가 대군을 상륙시킬 준비를 하고 있다."**라는 소문을 퍼트리며 민심을 동요시켰다. 그러자 허균이 역모를 꾀한다는 소문이 돌았고 한때 동료였던 이이첨은 세력이 커진 허균을 역모로 몰아 처형했다. 영화 마지막 장면에 나오는 허균의 역모와 처형에 관한 내용의 실체가 이것이다.

허균은 혁명가였던 것일까? 반역자에 불과한 것일까?

이것에 대한 의견을 '만약에 한국사 3. 허균을 소재로 영화를 만든다면?' 에서 자세히 살펴보겠다.

여담 하나, 영화 속에서 허균의 직책은 도승지로 나온다. 그러나 허균은 도승지였던 적이 없다. 도승지는 정 3품 당상관으로서 왕이 내리는 교서나 신하들이 왕에게 올리는 글을 담당하는 승정원의 수장이다. 지금으로 따지면 왕의 비서실장이라 할 수 있다. 영화에서는 허균이 도승지로서 왕의 은밀한 일들과 정치적 사건들을 공유했다. 실제 허균은 1615년 우승지, 좌승지를 맡은 경력만 있다.

영화에서는 도승지 허균, 조내관(장광 분), 도부장(김인권 분) 등 광해군을 둘러싼 여러 명의 충신들이 보인다. 하지만 실제 광해군의 말년은 정말 외로웠다. 본인 스스로 사람들을 믿지 않으려 했기 때문이다. 오직 김개시라고 불리는 상궁에게만 의지했다.

영화에서도 이것과 비슷한 장면이 나온다. 바로 안상궁의 존재이다. 광해군은 안상궁(이엘 분)에 의지하며 잠을 잔다. 하지만 광해군이 마음을 주었던 안상궁은 사실 서인의 심복이었고 양귀비로 광해군을 중

독시켰다.

실제 역사에서 안상궁과 같은 역할을 한 이가 바로 김개시이다. 기록에는 얼굴이 예쁘지 않았다고 하나, 총명했다고 한다. 광해군은 김개시를 아꼈다. 광해군 말년에 인조반정의 주역들이 역모를 일으킬 것이라는 소문이 돌았지만, 김개시는 뇌물을 받고 소문을 무마시켰다.

말년의 광해군은 우유부단했으며, 아무도 믿지 않았다. 인사권을 담당하는 이조판서는 5년간 공석으로 비워두었다. 군사를 담당하는 훈련대장을 6년 동안 11번 바꿨다.

인조반정이 일어난 당일, 광해군은 인조반정이 일어날 것을 알고 있었다. 하지만 광해군은 술에 취해 무시해 버렸다. 인조반정이 일어났고, 광해군은 폐위되었다. 이때 광해군은 "이이첨이 (반란을 주도)한 것인가?"라는 말을 했다고 한다. 최악의 순간, 자신이 가장 많이 신임했던 신하조차 믿지 못했던 광해군. 그의 말로가 안쓰럽다.

광해군은 폐모살제(인목대비를 폐위시키고, 동생 영창대군을 죽인 것), 지나친 토목공사, 명에 대해 사대를 소홀하게 했다는 죄목으로 폐위 당했다. 왕에서 쫓겨난 광해군은 제주도에서 67세까지 살았다 (1641). 광해군 가족들은 자살하거나 화병으로 죽었다.

후궁의 둘째 아들, 17년간의 왕세자 생활과 생명을 건 분조 생활, 15년간 고독했던 왕, 19년간 폐위된 왕으로 살았던 파란만장한 인생의 광해군.

"광해는 땅을 가진 자에게 조세를 부과하고 제 백성을 살리려 명과 대립한 단 하나의 조선의 왕이다."[12]

영화 속 마지막 자막이 여러 가지 생각을 하게 한다.

---

12) 출처 : 시나리오 〈광해, 왕이 된 남자〉, CJ엔터테인먼트

영화 '대립
군' 예고편

〈대립군〉(정윤철 감독, 2017) 포스터
제작사:폭스인터내셔널프로덕션(코리아), 리얼라이즈픽쳐스㈜
배급사:이십세기폭스코리아

1592년, 임진왜란 때 선조는 의주로 도망쳤다. 그리고 여차하면 중국
으로 귀순할 계획을 세웠다.

선조는 후계자를 내세워 자신의 안위를 보전했다. 선조는 자신의 대리자로 광해군을 선택했다. 원래대로라면 광해군은 세자가 되기 힘들었다. 광해군은 후궁의 둘째 아들이다. 거기다 어머니 공빈 김씨는 광해군이 3살 때 죽었다. 정통성이 절대적으로 부족했고 지지 세력도 없었다.

임진왜란이 발생했을 때, 선조는 후계자를 선택해야 했다. 원래대로라면 임해군이 되었을 것이다. 그러나 광해군의 친형 임해군은 성격이 포악하고 탐욕스러웠다. 노비만 2000명, 마음에 드는 여자를 빼앗았고 마음에 들지 않으면 도승지(비서실장)도 살해할 정도였다.

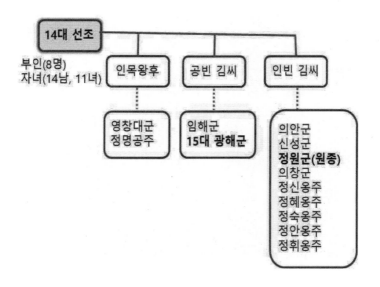

광해군의 후궁의 두 번째 아들이었다.

선조가 임해군을 함경도로 파견했다. 지역 주민들은 임해군이 횡포를 부리자 잡아서 일본군 선봉장 가토 기요마사에게 바치기까지 할 정도였다. 그만큼 신망이 없는 인물이었다.

138

반면 광해군은 조용했지만 영특했다.

선조는 영특한 광해군의 능력을 믿었던 것일까? 아니면 책임을 전가할 희생양이 필요했던 것일까?

광해군을 왕세자로 임명하고 조정이 여전히 작동되고 있음을 알리며 의병을 모으고 격려하는 활동을 명령한다.

광해군은 1592년부터 1594년까지 27개월간에 걸쳐 분조를 이끌었다. 광해군의 분조는 적진을 찾아다니며 백성을 위로했다.

영화 〈대립군〉(정윤철, 2017)에서 이러한 장면은 너무나도 잘 묘사되어 있다. 이처럼 전란 속 세자의 자리는 생명을 담보로 활동해야 하는 위험한 자리였다.

영화 〈대립군〉은 생계를 위해 대립군으로 활동하고 있는 토우(이정재 분)가 광해군(여진구 분)을 만나 평안도 강계로 이동하며 발생한 내용을 담고 있다.

대립군은 생계를 유지하기 위해 돈을 받고 다른 사람의 군역을 대신해주는 이들을 말한다. 즉 목숨을 담보로 군역을 대신 지는 백성들이다. 대립군의 존재는 조선 군역의 문제를 보여준다.

영화 대립군은 이러한 광해군의 분조 활동과 조선 시대의 군역의 문제점을 함께 보여주는 영화다.

원래 조선은 통상 15만 정도를 유사시에 동원할 수 있는 군사체계를 구축하고자 했다. 하지만 실제적인 정예병은 고작 8,000명에 불과했다. 나머지 병력은 16세 ~ 60세의 일반 양민을 대상으로 부역을 하는 정도의 수준이었다. 평상시에는 농사를 짓다가 철마다 군사 훈련을 받는다는 것은 쉽지 않았다. 자연스럽게 군역은 기피 대상이었다. 군역을 이행하면 가정경제에 큰 타격을 주기 때문이다. 결국, 군역을 대신 이행하는 자들이 늘어나기 시작했다.

조선의 군사력은 약화되었고, 대립군은 일상화가 되었다. 임진왜란은 조선의 군역체계의 문제점을 여실히 보여준 전쟁이기도 했다.

영화 속 대립군 토우는 광해군의 분조 활동을 도와 신분 상승을 꿈꿨다. 실제로 임진왜란 때 군공을 세운 자들은 신분을 상승, 관직을 받는 혜택이 있었다. 대립군들이 광해군의 분조 활동을 돕는다는 것은 위기이자 기회였다. 고위험 고수익의 활동이라 할 수 있었을 것이다.

영화에서는 분조를 명령했던 아버지 선조는 자객을 보내 광해군을 죽이려 한다. 일본군은 광해군을 쫓아오며 항복을 요구한다. 물론 이러한 장면은 허구이다. 광해군을 죽이려 선조가 자객을 보내거나 광해군이 일본군과 직접 싸우지는 않았다. 다만 실제로 광해군이 노숙을 할 정도로 험난한 분조 생활을 하긴 했다. 여기에 역사적 상상력이 더해진 것이다.

광해군은 분조 활동을 성공적으로 마무리했다. 광해군의 명성과 탁월한 능력은 명나라 장군에게까지 깊은 감동을 주었다. 명나라 장군은 선조에서 광해군으로 왕을 바꿔야 한다는 상소를 보냈을 정도였다. 조선의 백성들도 마찬가지였다. 자신들을 버린 선조에 대한 불신이 팽배했고, 힘겹게 분조 활동을 전개해나가는 광해군을 지지하는 목소리가 높아졌다.

백성의 민심을 잘 보여주는 사례가 있다. 홍주 지역에서 반란이 발생했는데, **"궁궐을 포위하고 사흘 동안 통곡하여 임금이 스스로 허물을 뉘우치고 동궁에게 왕위를 넘겨준다."**라는 슬로건을 내걸었다. 여기서 말하는 동궁이 광해군이다. 선조는 광해군과 비교되었다. 도망친 왕과 목숨을 건 왕세자.

선조는 광해군을 매우 견제했다. 수시로 양위를 이야기하며 광해군을 압박했다. 여기에 그렇게 광해군을 칭찬했던 명나라조차도 광해군을 정식 왕세자로 인정하지 않으면서, 광해군의 왕세자로서 입지는 매우 약해졌다. 18세 어린 나이에 용감하게 분조를 성공적으로 이끈 것이 도리어 화가 된 것이다. 설상가상으로 선조의 새로운 왕비 인목왕후가 영창대군을 낳았다. 완벽한 정통성을 지닌 적통이 태어난 것이다.

자연스럽게 신하들의 여론이 바뀌기 시작했다. 눈치 빠른 대신들은 광해군을 비난하고, 영창대군을 다음 왕위에 올려야 한다고 주장했다. 붕당들은 상황에 따라 광해군을 이용하거나 위협했다. 하지만 선조가 갑작스럽게 죽으면서, 광해군은 조선의 15대 왕이 되었다. 5번이나 왕세자 임명을 거절했던 명나라도 광해군을 왕으로 인정했다. 이때까지만 해도 광해군에 대한 조선인들의 기대가 높았다.

광해군은 영웅으로서 갖춰야 할 모든 자질을 갖췄다. 고난과 모든 역경을 이겨내고 조선의 왕이 되었기 때문이다. 왕세자 시절 보여주었던 탁월한 위기극복 능력은 당시 조선의 왕에게는 필요한 능력이었다. 여기에 이덕형, 이항복, 이원익과 같은 탁월한 신하들이 광해군을 뒷받침할 수 있었다. 하지만 전쟁의 충격과 험난했던 왕세자로서의 삶, 아버지 선조의 미움 속 상처가 문제였을까?

광해군이 외상 스트레스 후 스트레스 장애(PTSD)가 있었을 것이라고 말하는 심리학자도 있다. 이유가 무엇이 되었든 광해군은 왕위에서 쫓겨났고, 폭군으로 기록되었다.

광해군은 두 얼굴을 가진 왕이다.

분조를 성공적으로 이끈 왕세자, 대동법 실시와 중립외교, 지나친 토목공사와 공포 정국 조성, 대동법 확산 반대, 막대한 군인들의 손실을 막지 못한 것은 모두 광해군의 얼굴이다.

영화 〈광해, 왕이 된 남자〉와 〈대립군〉은 진정한 '리더'의 조건에 대해 고민하게 만드는 영화다. 개인적으로 '카리스마'가 생각났다. 카리스마는 자신의 의견을 강하게 내세우는 사람을 의미하지 않는다. 카리스마의 어원은 고대 그리스어의 '카리스(축복)'에서 나왔다고 한다. 사람들의 상처를 치유할 수 있는 자가 신의 축복을 받았다고 보았기 때문이다.

임진왜란이 끝나고 조선인들이 가장 원했던 왕은 아마 사회를 치유하는 왕이었을 것이다.

왕세자 시절을 보여주는 영화 〈대립군〉에서의 모습과 〈광해, 왕이 된 남자〉 속 하선의 정치는 진정한 카리스마의 모습이다.

4. 만약에 한국사

만약에 한국사 1. 인조반정이 일어나지 않았다면?

> 1. 단기적으로는 청나라가 조선을 공격하지 않았을 것이다.
> 2. 장기적으로는 다양한 사상들이 꽃 피웠을 것이다.

먼저 인조반정부터 살펴보자. 인조반정은 1623년, 광해군의 정책(중립외교, 폐모살제, 토목공사 등)에 불만을 품은 서인과 남인이 광해군을 몰아낸 반정(反正)을 말한다. 반정은 잘못된 것을 바로잡는다는 의미를 지니고 있다.

광해군은 폐위되고, 인조가 왕이 되었다(1623~1649). 인조반정 세력은 자연스럽게 광해군과 다른 외교 전략을 구사했다.

바로 친명배금(親明排金)이다. 명나라와 사대관계를 유지하며, 후금(여진족이 세운 국가, 후에 청나라로 국호 변경)을 배척한다는 것이다. 이것이 빌미가 되어 정묘호란과 병자호란이 발생했다. 병자호란 후 50여만 명의 조선인들이 포로로 끌려갔고, 조선은 치욕적인 굴욕을 맞보게 된다.

만약 인조반정이 일어나지 않았다면, 단기적으로는 여진족(청나라)이 조선을 공격하지 않았을 것이다. 광해군은 여진족의 군사력을 무시하지 않았고, 지속해서 주시하고 있었다. 여진족 또한 마찬가지였다. 조선을 점령할 생각보다는 후방을 안정하고 싶었다. 여진족은 명나라와의 일전을 앞두고 있었기 때문이다.

병자호란 후 조선은 사회가 급속히 경색되었다. 북벌론이 대두되고 성리학은 강화되었다. 조선은 멸망한 명나라를 그리워하며, 스스로를 소중화(小中華)라고 외쳤다. 청나라를 오랑캐 취급하며, 선진적인 문화를 수용하길 거부했다.

인조반정이 일어나지 않았다면, 병자호란은 없었을 것이며, 장기적으로는 다양한 사상이 꽃 피웠을 것이다. 양명학과 실학으로 대표되는 다양한 학문과 사상들이 논의되었을 것이다.

사실상 인조반정의 최대 해악은 성리학 일변도로 생각을 제한한 것이라 생각한다. 당시 아시아는 서양의 문물이 소개될 때였다. 만약 이 시대적 변화를 조선이 잘 대처했다면, 조선의 운명은 바뀌었을 것이다.

만약에 한국사 2. 광해군을 소재로 영화를 만든다면?

영화 〈광해, 왕이 된 남자〉가 워낙 흥행했기 때문에, 광해군을 소재로 영화를 만든다는 것이 다소 부담스러울 수 있다.

광해군을 통해 임진왜란과 인조반정까지를 모두 다룰 수 있기에 다양한 소재로 사용할 수 있다.

> 1. 대동법과 중립외교를 소재로 한 광해군
> 2. 인목대비와 영창대군 그리고 광해군
> 3. 인조반정 후 광해군
> 4. 외계인과 광해군

첫 번째, 대동법과 중립외교에 관한 부분이다. 이원익, 강홍립의 심리묘사를 통해 대동법과 사르후 전투를 다양한 각도에서 바라볼 수 있다.

두 번째, 인목대비 자녀와 광해군의 관계이다. 드라마 〈화정〉이 대표적인데, 광해군의 인간적 면모와 고뇌를 그릴 수 있다. 특히 폐비된 인목대비의 삶은 극적이기 때문에 영화의 소재로 삼을 수 있다.

세 번째, 인조반정이 일어나는 상황을 그리며, 광해군의 삶을 추적하는 것이다. 혹은 인조반정 후 광해군의 삶을 가상으로 설정하여 이야기를 풀어나가도 좋을 것이다.

마지막으로, 광해군 때에 우주선으로 추정되는 물체에 대한 기록이 있다. 이 기록을 바탕으로 SF식 판타지 영화를 제작할 수 있다. 드라마 〈별에서 온 그대〉가 대표적으로 외계인을 사용하여 흥행한 경우다. 광해군의 시대는 혼란과 선택의 시기였기 때문에 다양한 측면에서 영화로 제작할 수 있다.

만약에 한국사 3. 허균을 소재로 영화를 만든다면?

혁명적 사상을 품은 이상주의자 허균은 광해군 10년(1618) 8월 16일에 역모 혐의로 체포되어 8일만에 육신이 6개로 잘리는 능지처참을 당했다.

『광해군 일기』에는 허균을 역모자로 나쁘게 기록하고 있다.

그러나 실록에는 한 때 동지였던 이이첨과 한찬남이 허균을 제거하기 위해 모의한 것이라고 나온다.

한 사람을 두고 평가가 엇갈리는 허균은 분명 현대 한국에서도 많이 나타나는 현상의 주인공이기에 영화적 소재로 충분하다.

역모 혐의로 잡혀온 허균을 광해군이 직접 심문하려 하자 이이첨의 무리들은 당파 싸움의 전모가 드러날 것이 두려워 광해군이 캐묻지 못하게 막았다.

"이미 모두 승복했으니 달리 물어볼 말이 없습니다."

광해군은 이들에게 떠밀려 어쩔 수 없이 승낙하자 허균은 그날로 바로 처형되었다.

광해군은 끝내 진실을 캐려하지 않았고 당사자인 허균의 저서는 정적들에 의해 대부분 소실되어 전모를 허균에게 들을 수 없다. 이것을 영화적 상상력으로 채워 넣는다면 재미있는 이야기가 탄생될 것이다

허균 주변의 평가를 참조하면 좋을 것이다.

한 때 정치적으로 같이 활동했던 기자헌은 허균이 죽었다는 소식을 듣고 이렇게 말했다.

"예로부터 죄인을 때리며 신문하지 않고, 사형이 결정되지도 않았는데 단지 죄인의 범죄 사실을 진술한 것으로 사형에 처한 죄인은 없었으니 훗날 반드시 이론이 있을 것이다."

아마도 기자헌은 허균의 죽음이 무고함을 말하고 싶었던 것 아닐까?

사건을 해결하는 형사처럼 어느 편에도 서지 않고 객관적으로 모든 기록을 종합하여 살피고 추리하고 분석하여 이야기를 만들어야 편견이 없을 것이다.

6장

최종병기 활

남한산성

6장

〈최종병기 활〉, 〈남한산성〉

병자호란, 백성과 왕의 차이점은?

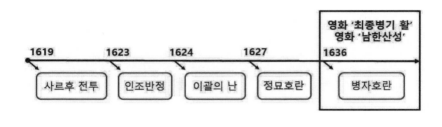

1. 영화 '최종병기 활' 알아보기

　영화 〈최종병기 활〉(김한민, 2011)은 병자호란이 배경이다.

　주인공 남이(박해일 분)의 아버지는 광해군 복위를 계획하다 살해당했다. 남이와 여동생 자인(문채원 분)만 생존하여 아버지 친구 김무선(이경영 분)에 의탁한다. 역적의 자손이었기 때문에 남이 자매는 그저 숨죽이며 의미 없는 하루하루를 보내야 했다.

　1636년, 어느 날 갑자기 청나라가 조선을 침략하였다. 하필이면 자인의 혼인이 있던 날이었다. 난리 속에서 자인은 청나라 포로로 끌려갔다.

영화 '최종
병기 활'
예고편

〈최종병기 활〉(김한민 감독, 2011) 포스터
제작사 : ㈜다세포클럽, ㈜디씨지플러스
배급사:롯데엔터테인먼트

 활 한 자루만 들고 청나라 군대 깊숙이 들어가는 남이! 과연 무사히
여동생을 데리고 돌아올 수 있을까?

 영화 〈최종병기 활〉은 백성의 처지에서 본 병자호란을 주제로 삼았
다. 백성을 대표하는 인물은 남이와 자인이다. 사실 병자호란의 가장
큰 피해자는 이처럼 힘없는 백성들이었다. 영화 속 남이의 고군분투는
애처롭다.

2. 영화 '최종병기 활' 엿보기

임진왜란의 상처가 채 아물기도 전에 병자호란이 발생했다.

1636년, 후금은 국호를 '청'으로 바꾸고 스스로 황제라 칭했다. 청나라는 조선에 사대의 예를 강요했지만, 인조정권은 거절하고, 강경하게 대응할 것을 결의하였다.

청나라 군대는 압록강을 건너 조선의 수도 한양을 향해 재빠르게 남하했다. 워낙 신속한 침략에 대응할 틈이 없었던 인조와 대신들은 강화도로 갈 시간조차 없었다.

당황한 인조는 황급히 남한산성으로 피신하였다. 47일의 항전의 결말은 항복이었다. 인조는 삼전도에서 신하의 예를 표시하는 '삼배구고두례'를 해야만 했다. 굴욕적인 항복이었다. 전쟁은 끝났고, 조선은 청의 제후국이 되었다.

하지만 백성들의 고통은 이때부터 시작이었다. 청나라 군대가 철수하면서 많은 조선인을 포로로 끌고 갔기 때문이다. 가족과 이별해야 했고, 먼 타국에서 노예로 살아야 했던 조선 백성들은 얼마나 많은 눈물을 흘려야만 했을까?

영화 엿보기 1. 조선의 최종병기 '편전'

영화 엿보기 2. 신출귀몰, 청나라의 작전은?

영화 엿보기 3. 피로인(被擄人)들의 눈물

영화 엿보기 1. 조선의 최종병기 '편전'

조선의 최종병기는 무엇일까?

활이다. 화살 중에서도 최고는 편전(片箭)이라고 불리는 애기살이다. 영화에서는 남이가 편전을 사용하여 청나라 군대를 공격하는 장면이 나온다.

편전의 가장 큰 특징은 길이가 다른 화살에 비해 짧다는 것이다. 그래서 '통아'라고 불리는 원통형 대나무에 넣어서 발사해야만 했다. 통아에 노끈을 달아서 팔뚝에 묶거나 오른쪽 세 번째 손가락에 매고 안에 편전을 넣어서 발사하는 것이 기본자세다.

편전의 유래는 『청장관전서』에 따르면 고려 병사가 원나라 군대가 쏘아댄 화살을 주워서 넷으로 잘라서 사용한 것을 시초로 기록하고 있다. (중국의 당나라의 '통전'을 시초로 보기도 한다.)

편전이 조선 최고의 병기로 인정받은 이유는 무엇일까?

첫째, 일반 화살보다 긴 사거리를 가졌다. 통아에 넣어 발사했고 길이가 짧아 공기의 저항이 낮았다. 그래서 멀리 날아갈 수 있었다. 편전의 긴 사거리는 적군이 예상하지 못한 거리에서 타격을 줄 수 있어 더 효과적인 무기로 여겨졌다.

편전의 유효 사거리는 200~300m 정도였는데 일반 화살의 100~150m보다 훨씬 길다. 긴 사거리를 자랑했던 잉글랜드의 장궁(Long Bow)과 비슷하다.

조선의 전통 무기를 연구했던 서양 학자 존 부츠는 자신의 저서에서 편전의 사거리를 500야드(약 450m)라고 기록하였다. 아마도 이 거리는 편전의 최대 사거리일 것이다. 세계 최고의 사거리를 가진 활이라 할 수 있다.

둘째, 우수한 관통력이다. 임진왜란 당시 전쟁에 참여했던 정탁의 기록을 보면 알 수 있다. 조선군의 활은 보통, 조총보다 위력이 약했다. 하지만 편전만큼은 조총에 뒤지지 않았다고 평가받는다. 근거리에서는 적군 2명을 관통, 100보에서는 1명 관통, 200보에서도 중상을 입힐 수 있을 정도였다고 한다.

사르후 전투에 참전했던 이민환도 편전의 위력을 소개했다. 적군이었던 후금군도 편전의 위력을 알 정도로 강력했다. 갑옷을 뚫어버리는 화살의 존재는 후금군에게 공포의 대상이었다.

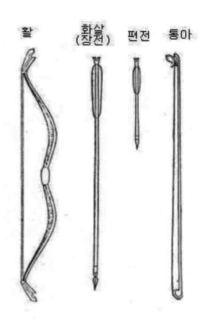

편전은 조선의 진정한 최종병기였다.

셋째, 적이 대응하기 어렵다. 존 부츠의 주장에 따르면 편전을 발사해도 통아는 팔이나 손가락에 매여있어 편전을 쏴도 통아는 활대에 그대로 남아 있다. 멀리서 보면 통아가 화살처럼 보여, 적군은 방어 태세를 갖추지 않는 경우가 많았다. 적으로서는 조선군이 화살을 쏘지 않은 것처럼 보이기 때문이다.

이처럼 편전은 많은 장점이 있는 조선의 최종병기였다. 그래서 조선 정부는 편전의 기술과 사용방법이 외국에 넘어가지 않도록 철저하게 관리했다.

일례로 여진족이나 일본이 편전을 알지 못하도록 함경도와 같은 국경 지역에서는 편전 훈련을 금지할 정도였다. 외국 사신이 조선에 방문할 때는 절대로 편전이 노출되지 않도록 하였다고 한다.

편전 이외에도 조선의 활은 전반적으로 우수했다. 동물의 뿔을 주재료로 만든 '각궁(角弓)'이었기 때문이다. 주로 소뿔을 이용해서 만들었는데 그 중에서도 최상급은 물소의 뿔로 만든 '흑각궁(黑角弓)'이었다. 이 흑각궁은 탄성이 뛰어났다. 그러나 조선의 기후적 특성상 물소를 키우기 어려웠고, 물소 뿔을 수입하기도 쉽지 않았다.

임진왜란 이후 조선의 활은 이전보다 쇠퇴하기 시작했다. 조총의 위력을 실감했기 때문이다. 거기다 조총병은 궁수보다 양성시간이 짧았다. 어느 정도의 훈련을 거치면 남녀노소 가리지 않고 군사로 키울 수 있었기 때문이다. 그리고 조총병들의 집단사격은 활보다 위력적이었다. 시대는 냉병기 시대에서 화약 시대로 바뀌어 가고 있었다. 그렇게 조선의 최종병기였던 '편전'도 무기의 발달로 인해 그 가치를 잃어갔다.

영화 엿보기 2. 신출귀몰! 청나라의 작전은?

병자호란은 예고된 전쟁이었다. 청나라의 사대 요구는 사실상 조선이 받아들이기 어려웠기 때문이다. 청나라의 신하가 되라는 것은 명나라를 버리는 것이었다. 또 청나라에 사대하는 것은 인조반정 쿠데타의 명분과도 위배되는 일이었다.

그렇다고 청나라의 요구를 마냥 무시하기도 어려웠다. 거리상으로 명나라는 멀고, 청나라는 가까웠기 때문이다.

인조정권은 딜레마에 빠졌다.

청나라 황제가 된 홍타이지는 조선의 선택을 요구했다. 1636년 2월, 용골대를 필두로 한 대규모 사신단을 파견했다. 이 사신단에는 몽골의 왕족들까지 포함되었다. 동북아시아의 주요 세력들은 이미 청나라를 선택했음을 보여주기 위한 구성이었다.

청나라의 황제로 등극한 홍타이지
(출처:국립고궁박물관)

그러나 조선은 청나라의 사대 요구를 거절했다. 인조는 청나라와 끝까지 싸우겠다는 항전 의지를 담은 조서를 전국에 보냈다. 그러나 청나라가 이 조서를 입수하면서 양국 관계는 전쟁을 향해 치닫게 되었다.

조선은 전쟁 준비를 완료했던 것일까? 청나라를 막을 수 있는 비책이 있었던 것일까?

정반대였다. 당시 조선의 군사력은 최악이었다. 1624년에 발생한 이괄의 난으로 인해 국경의 군사력이 대거 축출되거나 축소되었다. 정부의 의심이 두려웠던 국경 장수들은 훈련도 제대로 하지 않았다.

그나마 시행했던 호패법과 군적 정리, 재정 증강도 큰 효과를 보지 못하고 있었다. 정예병이라 할 수 있는 훈련도감, 어영청, 수어청, 총융

청의 중앙군 병력도 고작 1만 명에 불과했다. 모든 면에서 조선은 준비가 되어 있지 않았다.

그해 11월, 조선은 뒤늦게 청나라에 화친 사신을 보냈다. 하지만 청나라 군대는 이미 압록강을 건너오고 있었다.

반면 청나라는 철저하게 전쟁을 준비했다. 병자호란은 청나라의 기동력과 강력한 군사력이 돋보이는 전쟁이었다.

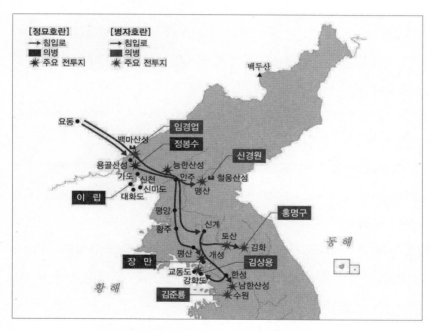

정묘호란과 병자호란의 (출처:금성『한국사』교과서)

1636년 음력 12월 2일, 청나라 군대는 심양에서 출동하였다. 12월 8일에는 선봉대가 압록강을 건넜고, 12월 11일에는 평안도 안주를 통과하였다. 압록강을 건넌 지 6일 만인 12월 14일에는 조선의 수도 한양에 도착하였다. 후속 부대는 남한산성에 16일 도착하여 포위망을 형성하였고, 홍타이지가 지휘하는 본대는 12월 10일 압록강을 건너 12월 29일 남한산성에 도착했다.

청나라 군대의 선봉 부대는 압록강에서 한성에 이르는 1,200여 리의 거리를 일주일도 안 되어서 이동했다. 하루에 200리(약 80km) 이상의 거리를 기동한 것이다.

청나라 군대가 이렇게 빠른 속도로 남하한 이유는 무엇일까?

1627년, 정묘호란의 교훈을 잊지 않고 있었기 때문이다. 정묘호란 당시 후금(청나라의 전신) 군대가 도착하기 전에 인조는 강화도로 들어가 항전 태세를 갖췄기 때문이다. 장기전에 돌입할 것을 우려한 후금은 조선과 형제의 관계를 맺고 퇴각했다.

청나라로서는 장기전만은 피해야 했다. 명나라와의 결전을 앞두고 있었기 때문이다.

병자호란을 일으킨 청나라의 목적은 명확했다. 신속히 진격하여 인조를 굴복시키는 것이다. 청나라는 300여 명의 선봉대를 상인으로 위장시켜서 한양까지 공격하는 작전을 썼다. 그리고 이 과정에서 평안도와 황해도의 주요 요새와 거점은 모두 그냥 지나쳐버리고 곧장 진격했다. 워낙 신속하게 진격한 탓에 조선은 청나라 군대의 전력과 이동상황을 파악조차 하지 못하고 있었다.

인조는 강화도로 피난 갈 수 있는 시간을 벌지 못했다. 어쩔 수 없이 남한산성으로 들어가야 했다.

병자호란의 전쟁 성격을 알고 영화를 보면 사실과 다른 전쟁 장면을 찾을 수 있다.

청나라 군대가 남이 남매가 살고 있는 성을 함락시키는 장면이다. 성은 청나라 군대의 공격에 허무하게 함락되었고, 남이의 여동생은 결혼 중 포로가 되었다. 사실, 이 장면은 역사적으로 보면 사실과 다르다. 병자호란은 속전속결의 전쟁이었기 때문이다. 청나라 군대의 진정한 적은 조선이 아닌 시간이었다.

병자호란은 청나라의 완벽한 승리로 끝났다. 인조는 삼전도에서 청나라 황제 홍타이지 앞에 '삼배구고두례'의 항복의식을 치러야만 했다. 인조의 치욕은 여기서 끝났지만, 조선 백성들의 치욕과 눈물은 이제부터 시작이었다.

후퇴하는 청나라 군대는 약탈과 학살을 일삼았다. 한양과 남한산성에는 시체가 즐비하고 인적이 끊어졌다는 기록이 남아 있을 정도였다. 청나라는 조선을 철저하게 약탈하며 철수했다. 이때 영화 속 자인이 포로로 끌려간 것이다.

영화 엿보기 3. 피로인(被擄人)들의 눈물

청나라 군대는 대략 50만의 조선인들을 청나라의 수도 심양으로 끌고 갔다. 당시 청나라는 인구가 적어 만성적인 노동력 부족에 시달렸다. 조선인 포로는 청나라의 중요한 노동력이자 재산의 일부였다. 그래서 병자호란은 노동력을 확보하기 위한 전쟁의 성격도 가지고 있다.

청나라에 끌려간 조선인들을 가리켜 '피로인(被擄人)'이라고 불리며 청나라 귀족의 노예가 되었다. 특히 여자들은 능욕을 당하거나 비참한 삶을 살아야 했다.

피로인들에서 벗어나기 위해서는 노예 값을 지불하고 풀려나는 방법뿐이었다. 이것을 속환(贖還)이라 한다. 속환하기 위해서는 두 가지 방법이 있었다. 개인적으로 값을 치르고 돌아오는 '사속(私贖)'과 국가에서 지원해서 돌아오는 '공속(公贖)'이다.

조선은 '공속'으로 피로인을 송환하기 위해 노력했을까?

병자호란이 발생한 이유가 인조정권의 선택이었음을 기억할 필요가 있다. 당연히 국가에서 '공속'을 해야 옳았다. 그러나 조선의 재정은 여유가 없었다. '공속'의 대상은 정해져 있었다. 왕족과 신하, 남한산성 수비군의 가족들이었다. '사속'을 해야 해지만 쉽지 않았다. 경제적인 여유가 없었기 때문이다.

조선인의 몸값은 천정부지로 올라갔다. 원래 은 10냥 정도였지만 조선의 부유층이 수백 냥을 내면서 가족을 '사속' 했다. 이후 속환금은 수천 냥으로 올라갔고, 몸값을 마련하지 못한 피로인들은 늘어만 갔고 그들은 조선 사신들을 만나면 눈물로 속환을 호소했다. 조선 정부는 몸값이 100냥을 넘기지 말 것을 청나라에 요구하기도 했으나 100냥 이상이 되면 속환을 포기했다. 정부관청으로 '속환도감'을 설치하고 체계적으로 속환사업을 관리하자는 주장도 제시되었다. 그러나 제대로 실현되지 못했고, 대다수의 조선인은 청나라의 노예로 살아야만 했다.

영화 속 자인(문채원 분)과 서군(김무열 분)은 끌려가던 도중 도망쳤다. 이처럼 도망친 조선인들의 미래는 어떻게 되었을까?

탈출 피로인들의 삶도 고달프긴 마찬가지였다. 피로인들이 탈출하여 조선으로 돌아오려 해도 청나라 군대의 추격을 뿌리쳐야 했다. 그 과정에서 산길을 통해 달아나다가 굶어 죽거나 맹수를 만나 목숨을 잃는 일도 있었다.

압록강에 도착해도 문제였다. 국경을 지키는 조선 관리들은 청나라의 항의가 두려워 탈출 피로인을 받아들이지 않았다.

간신히 조선으로 돌아와도 안심할 수 없었다. 청나라는 조선으로 도망친 피로인의 송환을 강력히 요구했기 때문이다. 청나라 입장에서 피로인은 전리품이었고 패전국 조선은 거부할 힘이 없었다.

결국, 탈출 피로인들은 청나라로 송환되었다. 만약 탈출 피로인을 청나라로 송환하지 못하면 그 가족들을 대신 보내야 했다. 힘없는 나라의 백성들이 감당해야 할 고통이라고 하기엔 너무 가혹한 운명이었다.

약자였던 여성 피로인들의 삶은 어떠했을까?

고향으로 되돌아온 여성들을 '환향녀(還鄕女)'라고 불렀다. 그들은 고향에 돌아와도 차가운 시선과 마주해야 했다. 조선은 성리학의 국가였다. 즉, 여성의 정절을 생명보다 강조하였다. 고향으로 돌아온 여성들은 정절을 잃었다고 하여 이혼을 당했다. 어떤 경우에는 자살까지도 강요당하였다.

환향녀의 이혼은 사회적 문제로 대두되었다. 인조는 홍제천에서 몸을 씻으면 정절 문제는 해결된다고 홍보했다. 또한, 이혼은 특별한 경우만 가능하다고 결정 내렸다. 그러나 대다수 사대부는 환향녀와 이혼하고 새로운 여인과 재혼하였다.

우리 위 세대에서 많이 들었던 '화냥년'이라는 욕이 바로 '환향녀'에서 유래된 것이다.

무능한 정권과 남성들의 실책으로 인한 고통은 힘없는 여성들이 고스란히 감당해야 했다. 그 고통을 안긴 장본인들은 그 누구도 여성들의 눈물을 닦아주지 않았다. 정작 전쟁을 결정했던 정치인들은 책임지지 않았다. 잘못된 선택의 피해는 백성들이 고스란히 부담해야 했다. 약자들이 흘리는 피와 눈물은 지금이라고 해서 다를 게 있을까?

3. 영화 더 보기 (남한산성)

유난히도 추웠던 1636년 겨울, 험준한 남한산성에 조선의 왕 인조가 있었다. 산성 아래에는 오랑캐라고 여겼던 청나라 군인들이 진을 치고 있었다. 산성 옆 높은 고지에는 청나라군의 대포가 산성을 겨누고 있었다.

희망이라고는 보이지 않는 이 순간. 인조는 선택해야 했다. 영화 〈남한산성〉(황동혁, 2017)은 이 순간을 영화로 담아냈다.

영화의 원작은 김훈의 소설 『남한산성』이다. 남한산성에 갇힌 인조와 최명길, 김상헌의 모습을 보여준다. 각자의 신념을 살펴보며, 영화는 관객들을 당시 역사의 현장 속으로 초대한다.

예조판서(예조:외교, 교육을 수행했던 관청), 김상헌(김윤석 분)과 이조판서(이조:인사업무를 담당했던 관청), 최명길(이병헌 분)은 인조정권의 핵심 인물이다. 하지만 병자호란을 극복하기 위한 방향은 달랐다.

최명길은 오랑캐라고 멸시했던 청나라에 무릎을 꿇어서라도 종묘와 사직을 지켜나가야 한다는 입장이었다.

김상헌은 조선이 청나라에 굴복하지 말고 끝까지 항전하자고 주장했다. 김상헌은 조선의 건국이념인 유교 성리학을 충실히 따랐다.

영화 '남한산성' 예고편

〈남한산성〉 (황동혁 감독, 2017) 포스터
제작사 : 싸이런 픽쳐스   배급사:CJ엔터테인먼트

　　고려 말 혼란한 사회 속에서 새로운 사회 건설의 대안으로 제시된 것이 성리학이었다. 성리학적 명분론은 임진왜란 시기에 전국 곳곳에서 들불처럼 일어난 의병들의 사상적 기둥이었다. 즉, 의병들은 단순히 내 가족과 내 고향을 지킨다는 생각뿐만이 아니라 성리학적 사상에 따라 왕실의 위기는 곧 국가와 나의 안위와 직결된다는 위기의식이 있었다.

그래서 의병들은 조선이 위험할 때마다 생겨났다.

그래서 광해군의 중립외교는 비난의 대상이었다. 광해군을 지지했던 북인들조차도 중립외교에는 찬성하지 않았다. 임진왜란 때 도와준 명의 은혜를 버리고 오랑캐 여진족(청나라)에 굴복한다? 심지어 명나라를 공격하는데 동참한다?

명분을 강조하는 성리학적 세계관을 가진 조선으로서는 광해군의 정책은 조선의 근간을 흔드는 것이었다.

항복한다는 것은 지배층으로서 가지고 있는 모든 것을 내려놓는 것이다. 실제 인조정권을 지지했던 많은 사대부는 병자호란 이후 낙향하거나 정권을 비난했다.

이런 입장에서 김상헌은 목숨까지 걸면서 홀로 남한산성으로 향했다. 결국, 인조가 항복하자, 김상헌은 자결을 시도할 정도로 원칙주의자였다. 김상헌은 현실을 판단하지 못한 채 맹목적인 성리학만을 고집하는 답답한 양반일까, 당시 조선이 길러내고자 했던 가장 이상적인 선비의 모습일까.

영화에서 김상헌이 자결하는 모습이 나온다. 하지만 실제와는 다르다. 자결을 시도하긴 하지만 때마침 집에 찾아온 관리가 그를 발견하여 살린다. 간신히 살아난 김상헌은 청나라로 끌려갔다.

최명길. 그는 청나라에 대한 굴욕을 무릅쓰고 강화를 성공시켰다. 얼핏 보면 최명길은 김상헌과는 반대되는 인물이다. 하지만 최명길과 김상헌의 궁극적 목표는 크게 다르지 않았다. 조선의 운명을 위해 목숨을 바치는 것, 그것이 바로 최명길과 김상헌의 일치된 목표였다. 다만 최명길은 현실에 무게를 두고 왕실을 유지하는 것이 더 중요하다고 파악했을 뿐이다.

최명길이 청나라에 굴복한다는 것은 조선이라는 나라 자체를 유지하기 위한 어쩔 수 없는 선택이었다. 그의 선택은 현실적이었고, 장기적인 안목이었다. 그래서 그는 목숨을 걸고 협상을 주도했다. 굴욕적인 항복문서를 작성하면서 많은 사대부로부터 비난을 받는 것조차 감내하며 협상을 이끌어 나갔다. 그가 있었기 때문에 병자호란의 피해는 최소화할 수 있었다.

협상을 주도했던 최명길은 청나라가 파병을 요구하자 단호히 거절했다. 이것 때문에 청나라에 압송되어 고초를 겪어야 했다. 또한, 아무도 관심 가지지 않았던, 환향녀의 처우를 위해 노력했다. 그는 현실 문제를 해결하기 위해 노력했던 사람이었다.

영화는 조선 지배층의 갈등뿐 아니라 전쟁의 참화 속에서 분투했던 이들도 함께 다룬다.

대장장이 '서날쇠(고수 분)'와 불리한 전황에서도 최선을 다해 병사들을 지휘했던 '이시백(박희순 분)', 날쇠의 동생이면서 엄동설한의 혹독한 추위에서 지배층에 대해 서슴없이 비판하던 '칠복(이다윗 분)'의 모습이 대표적이다. 이들을 통해 우리는 각자의 역할 속에서 최선을 다하는 사람들의 삶을 바라볼 수 있다.

병자호란, 그 참혹한 역사 현장 속에서 남한산성에 갇힌 이들의 모습을 통해 영화는 우리에게 질문을 던진다.

지금 여러분들이 남한산성에 갇혀 있는 조선의 대신이라면 어떤 선택을 하였을까?

4. 만약에 한국사

만약에 한국사 1. 인조가 강화도로 갔다면?

1. 전쟁은 장기전으로 진행되며, 전국이 약탈당했을 것이다.
2. 청나라는 재침하였을 것이다.

조선의 기본 작전은 간단했다. 평안도에서 청나라 군대의 진격을 막으면서 시간을 번다. 그동안 인조와 관료들은 강화도로 대피한다. 이후 시간이 지나면, 남부 지역의 군대가 합류하여 청나라 군대를 격퇴한다. 마지막으로 퇴각하는 청나라 군대를 북방의 조선군이 섬멸한다는 작전이다.

이 작전은 우리나라의 전통적인 방어 전략이다. 고려의 대거란 전쟁이 대표적이다. 나름 역사적으로 효과가 있는 작전이라 할 수 있다.

여기서 가장 중요한 것은 인조가 무사히 강화도로 들어가는 단계다. 인조가 포로로 잡히거나 혹은 포위된다면 조선군의 작전은 차질을 빚게 된다. 대다수의 군대가 인조를 구출하는데 동원되기 때문이다. 덕분에 청나라 군대는 조선군을 막기만 하면 된다.

청나라도 조선의 작전을 알고 있었다. 그래서 인조가 최대한 강화도로 입성하는 것을 저지하려고 했다. 청나라는 성공했고, 인조는 남한산성에 갇혔다. 결국, 병자호란은 청나라의 승리로 끝났다.

만약에 인조가 강화도로 가서 작전이 계획대로 진행되었다면, 전쟁은 어떻게 되었을까? (물론 병자호란 당시 강화도는 청나라 군대에 함락되었다. 그러나 인조가 강화도로 도망쳤을 때 강화도의 방어력이 높아졌다는 가정 하에 생각해보자.)

청나라가 조선을 상대로 전쟁을 일으킨 이유는 크게 2가지다.

첫 번째는 후방 안정화였다. 당시 청나라는 명나라를 공격하기 위해 준비하고 있었다. 역사적으로 북방의 민족들은 우리를 항상 경계했다. 중국과 합공할 수 있다는 우려 때문이다. 그래서 북방의 유목민족은 먼저 우리를 공격하거나 통제한 후, 중국을 공격하였다. 고려 시대 거란과 여진족의 사례가 대표적이다.

두 번째는 청나라 경제 위기 때문이었다. 청나라가 차지한 만주와 요동지역은 규모에서 명나라에 상대가 안 된다. 거기다 명나라는 청나라로 유입되는 물자를 봉쇄하였다. 가뜩이나 부족한 물자는 더욱더 부족해졌고, 경제적인 위기는 고조되고 있었다. 청나라로서는 병자호란을 통해 경제적 위기를 타개하고 싶었다.

실제로 병자호란 후 조선에서 약탈한 물자와 피로인들은 청의 경제력에 큰 도움이 되었다. 청나라는 병자호란 후 10년도 안 되는 기간에 중국을 차지했다.

청나라가 조선을 침략한 원인을 바탕으로 조선의 작전이 성공했다면 어떠한 양상으로 흘러갔을까?

청나라는 인조의 항복을 받기 위해 몽골처럼 조선 전국을 휩쓸며 약탈했을 가능성을 생각해 볼 수 있다. 몽골은 고려 조정이 1차 침략 이후 강화도로 옮겨서 장기간 항전할 것을 결심하자 여러 차례에 걸쳐 고려를 공격했다. 전국을 돌며 약탈과 살인, 방화를 일삼자 고려는 결국 항복했다.

청나라도 몽골의 사례를 답습하여 전국을 짓밟았을까?

아마 힘들었을 것이다. 당시 청나라의 상황은 몽골과 전혀 달랐다. 몽골은 동아시아를 넘어 중앙아시아와 러시아, 동유럽까지 공격할 정도로 막강했다. 당시 몽골을 위협할 만한 나라는 지구상에 없었다. 중국 남부에서 남송이 버티고 있었지만 큰 위협은 아니었다. 배후에 걱정거리가 없었으니 몽골은 마음껏 고려를 짓밟을 수 있었다. 사실, 고려를 공격한 몽골군의 숫자도 그리 많지 않았다.

하지만 청나라는 달랐다. 망국의 기미가 감돌고 있었지만, 여전히 명나라는 버티고 있었다. 또 명나라보다 청나라의 인구와 병력, 물자는 비교가 되지 않았다. 청나라가 조선을 침입한 계절도 장기간 전쟁을 수행하기에 어려움이 있다. 겨울은 보급이 어려웠고, 현지조달도 쉽지 않았다.

그렇다면 두 번째 상황이 좀 더 합리적인 추측일 것이다. 강화도로 피난한 조정은 바다와 강을 통해서 행정체계를 유지할 수 있었고, 각지의 조선군은 청나라군을 격퇴하는데 집중했을 것이다. 계절이 겨울이었기 때문에, 시간은 청나라 편이 아니었다. 전쟁이 장기화하면 청나라는 불리해졌을 것이다. 반면 조선 군대는 힘을 합칠 수 있는 시간을 확보할 수 있다.

이렇게 되면 청나라의 기동력을 바탕으로 한 전략은 도리어 독이 된다. 청나라는 빠른 기동력을 바탕으로 평안도와 황해도에 거점을 마련하지 않고 남하했다. 결국, 후방 근거지가 없었기 때문에 청나라는 퇴각해야 했을 것이다. 만약 운이 좋다면 조선군은 퇴각하는 청나라 군대의 뒤를 기습하여 승리할 수도 있을 것이다. 살수대첩과 귀주대첩처럼 말이다.

청나라의 궁극적 목표를 다시 한 번 생각해보자. 청나라의 목표는 명나라를 무너트리고 중국을 접수하는 것이다. 그러기 위해선 반드시 조선의 항복을 받아내야만 했다. 병자호란에서는 목표를 달성하지 못했더라도 다음에 또다시 쳐들어왔을 것이다. 당시 명나라는 내부 반란에 휩싸였기 때문에 임진왜란처럼 조선을 도와줄 형편도 아니었다. 실제로 1644년, 명나라는 이자성의 농민봉기 군에 의해 멸망했다. 청나라의 공격이 아닌, 내부의 반란은 심각했던 명나라의 내부 상황을 보여준다.

결론적으로 조선은 청나라의 지속적인 침략에 시달렸을 것이다. 동아시아의 패권은 명나라에서 청나라로 옮겨지고 있었다. 조선이 선택할 수 있는 제일 나은 방법은 무엇이었을까?

만약에 한국사 2. 병자호란 소재로 영화 만들기

병자호란 때 많은 조선인이 피로인으로 끌려갔다. 지배층들은 오랑캐로 여겼던 청나라에 항복한 것을 수치로 여겼다. 병자호란은 이리저리 조선 사회 전반에 걸쳐 큰 트라우마를 남긴 전쟁이었다. 이 트라우마를 소재로 해서 영화를 만들 수 있을 것이다.

1. 끌려간 조선인 – 소현세자의 꿈
2. 조선의 복수 – 효종의 북벌운동
3. 청과 함께 싸우다 – 나선정벌

〈최종병기 활〉은 병자호란 후 피로인을 소재로 한 영화다. 청에 끌려 갔던 조선인 중에는 인조의 세자였던 소현세자와 차남인 봉림대군도 있었다.

소현세자는 청의 수도 심양에서 당시 서양에서 건너온 여러 선교사를 통해 서양 문물을 접했고 대단히 흥미를 느꼈다고 한다. 그래서 귀국길에 많은 서양 서적과 물건들을 가지고 조선에 귀국했다. 그러나 조선에 귀국한 지 얼마 지나지 않아서 갑작스럽게 사망했다. 여러 학자는 소현세자와 인조의 관계를 의심하며, 독살설을 제기하기도 한다.

소현세자의 세자비 강씨도 끝이 좋지 못했다. 역모의 혐의를 받아 사약을 받았다. 그 자녀들 또한 유배 가거나 죽었다.

KBS 드라마 〈추노〉는 이 소재를 가지고 드라마로 제작한 사례라 할 수 있다. 노예 사냥꾼 '추노'라는 직업과 노비들의 삶을 연관시켰다. 영화로도 충분히 제작이 가능한 소재다.

차남 봉림대군의 이야기도 흥미롭다. 그는 인조의 뒤를 이어 왕이 되었다(효종). 그는 청나라에 복수하고자 북벌운동을 주도했다. 효종의 북벌운동으로 조선의 허약했던 군사력에 대한 점검과 함께 사회적 모순에 대한 개선도 이루어지는 성과도 있었다.

그러나 이렇게 양성된 조선군은 청나라를 공격하는 데 사용되지 않았다. 도리어 청나라의 요구로 러시아 정벌에 참여해야만 했다. 역사에서는 이 사건을 '나선정벌'이 부른다. 조선은 어쩔 수 없이 참전하게 되었다.

드라마나 영화로 잘 다뤄지지 않은 소재다. **나선정벌에 참여했던 군인들의 심정과 무위를 영화적 상상력으로 재현하면 어떨까?**

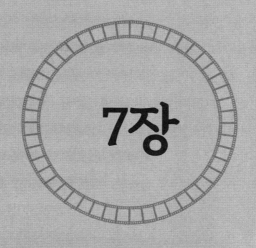

7장

사도
역린

7장

〈사도〉, 〈역린〉

개인적 비극인가, 당파싸움의 희생자인가?

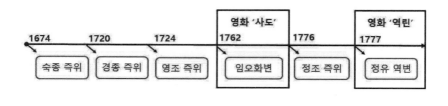

1. 영화 '사도' 알아보기

Standard. 사람들은 자신만의 기준으로 세상을 바라보고 판단한다. 기준(standard)의 어원은 부대 깃발에서 유래했다. 전쟁 속에서 하나의 통일된 깃발을 보고 전진하라는 의미다. 그래서 기준은 '강요된 통일'의 성격을 의미한다.

기준은 양날의 검이다. 기준이 없으면 혼란해진다. 반면 강하면 상대방을 억압한다. 영조가 그랬다. 영조는 기준이 명확한 왕이었다. 덕분에 조선 후기 르네상스를 이끈 왕으로 꼽힌다. 반면, 지나친 기준과 잣대는 자신의 아들을 파멸로 이끌었다.

영화 '사도'
예고편

〈사도〉 (이준익 감독, 2015) 포스터
제작사 : ㈜타이거픽쳐스　　배급사 : 쇼박스

　영조와 사도세자, 부자의 관계는 역대 최악이었다. 영조는 사도세자
를 뒤주에 가둬 죽여야만 했다.

　이 비극을 소재로 삼은 영화가 〈사도〉(이준익, 2015) 이다.

　비가 세차게 내리는 날, 사도세자는 칼을 들고 아버지 영조의 처소를
향했다. 사도세자는 무엇 때문에 칼을 든 것일까?

　아버지를 죽이기 위해 칼을 들었는데 둘의 관계가 처음부터 최악은

아니었다. 사도세자는 영조의 기쁨이자, 조선의 희망이었다. 나이 마흔이 넘어 낳은 자식이었기 때문이다. 그러나 본격적인 왕세자 수업이 시작되면서 사도세자는 영조의 눈 밖에 났다.

대리청정을 기점으로 부자의 관계는 더욱 틀어졌다. 영조는 자신의 '기준'에 아들이 만족스럽지 않았다.

사도세자는 분노와 극심한 스트레스 속에 정신병을 앓았다. 환관과 궁녀를 죽이며 사도세자는 광증에 휩싸였다.

분노한 영조는 사도세자를 뒤주에 가뒀다. 영화는 뒤주 속 8일간의 시간 속에서 영조와 사도세자의 관계를 담담히 바라보고 있다.

2. 영화 '사도' 엿보기

영화 제목을 통해 감독의 의도를 추측하는 것은 재미있고 의미 있다. 이 영화의 제목은 '임오화변'도 아니고 '영조와 사도'도 아니고 '사도세자'도 아니고 '사도'이다. 한자로 풀면 생각할 사(思) 슬퍼할 도(悼). 여기에 감독의 관점이 있는 것이다.

비극적인 이야기임을 표방하고 세자로서의 사도가 아닌 한 인간을 중심으로 그 비극의 출발점과 후세의 영향을 알아보고자 한 것이다.

영화 엿보기 1. 영조, 어진 속 성격 탐구

영화 엿보기 2. 사도세자의 속마음 들여다보기

영화 엿보기 3. 영빈 이씨가 흘린 눈물의 의미

영화 엿보기 1. 영조, 어진 속 성격 탐구

연잉군 시절의 모습(21세) 　　　　왕 재위 시 영조의 모습(53세)
(출처:국립고궁박물관) 　　　　　　(출처:국립고궁박물관)

영조의 삶을 어진을 통해 살펴보자. 현재 2점의 어진이 남아 있는데 하나는 영조가 왕이 되기 전인 연잉군 시절이었던 21살 때의 모습이다. 이 그림은 숙종이 연잉군(영조)에게 하사한 선물이다. 자신이 아플 때 연잉군(영조)이 간호했기 때문이다.

다른 한 점은 왕이 되고 나서의 어진이다. 1744년, 영조 나이 53세 때의 얼굴을 담고 있다. 영조 스스로는 이 어진을 보며 자신의 성격, 분위기를 잘 담아 그렸다고 평했다.

조선 시대 어진은 상당히 섬세하다. 털 끝 하나도 다르게 그리지 않게 그리고자 노력했다.

연잉군 시절의 그림을 보고, 심리학자 김태형씨는 이렇게 분석했다.

"위엄을 보여주는 영조의 어진과 달리 연잉군 시절의 초상 속 그의

표정은 울적하고 불안해 보인다."

열등감이 가득 찬 모습의 연잉군. 무엇이 연잉군을 울적하게 만든 것일까?

사실, 영조는 왕이 되기까지 크게 2가지의 콤플렉스를 가지고 있었다.

첫째, 어머니의 출신성분 때문이었다. 영조의 아버지는 숙종이다. 장희빈과 '사랑과 전쟁'으로 유명한 조선 19대 왕이다. 숙종은 카리스마가 넘치는 왕이었는데, 환국(換局)을 통해 왕권을 강화했다. 환국은 정국을 주도하던 붕당과 이를 견제하는 붕당이 서로 교체되면서 정국이 급격하게 바뀌는 현상을 말한다.

당시 주요 붕당은 인조반정을 주도한 서인과 남인이었다. 두 세력 사이에서 숙종은 인현왕후(서인 세력 지지)와 희빈 장씨(남인 세력 지지)를 간택하거나 폐위하며 붕당을 제어했다.

숙종은 비정한 권력자였다. 어쩌면 영조의

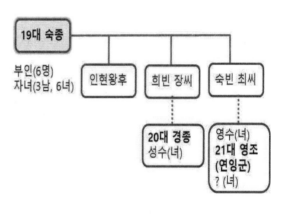

숙종의 여인과 자녀들

비정한 모습은 아버지 숙종에서부터 나온 것인지 모르겠다.

영조의 어머니는 인현왕후의 무수리(혹은 하급 궁녀, 각심이라는 설도 있음)였다. 쫓겨난 인현왕후 제사를 지내다가 숙종의 눈에 띄었다고 한다. 이후 숙종의 사랑을 받아 영조를 낳았다. 영조는 모계의 신분이 미

천하다는 한계 속에서 성장했다. 당연히 정상적인 상황이었다면 왕이 될 수 없는 처지였다.

그런데 영조에게 기회가 왔다. 경종이 승하한 것이다. 경종은 희빈 장씨(장옥정)가 낳은 아들이었다. 숙종을 이어 왕이 되었지만, 당시 집권세력이었던 노론(서인이 노론과 소론으로 분화됨)의 지지를 받지 못했다. 심지어 노론은 연잉군을 왕세제로 임명할 것을 경종에게 요구할 정도였다.

그러던 어느 날, 노론의 경종 시해계획이 유출되었다.(목호룡의 고변) 상황은 급변했다. 노론세력은 위축되었고, 경종을 지지한 소론의 세력이 강해졌다. 소론은 노론과 연잉군을 비난했다. 연잉군 인생 최대의 위기였다. 그러나 하늘은 연잉군 편이었다.

1724년, 경종이 생감과 게장을 먹은 후 병이 위독해 졌다. 연잉군은 인삼과 부자를 제조하여 경종에게 바쳤으나, 갑자기 경종이 승하한 것이다. 너무나도 절묘한 타이밍이었다. 자연스럽게 연잉군 즉 영조가 경종을 살해했다는 소문이 파다하게 나돌았다. 이후 영조가 왕이 되고 나서도 경종 독살설에 시달려야 했다.

이처럼 두 번째 콤플렉스는 형을 죽인 동생이라는 오명이었다.

연잉군의 초상화가 그려진 지 딱 10년 뒤, 1724년 31살의 연잉군은 조선 20대 왕이 되었다.

이 두 가지의 콤플렉스는 영조의 꼬리표였다. 하지만 왕이 된 연잉군은 탁월한 능력과 학식, 검소, 근면의 자세로 왕의 업무를 수행했다. 소식과 채식 위주의 식단을 통해 자신의 건강을 챙기면서 52년간 왕으로 군림했다. 조선의 왕들이 대부분 40대에 사망했던 것에 비하면 거의 2배 가량 왕으로 살았다. 그만큼 열정적이며, 자기관리가 뛰어난 왕이었다.

백성들을 위해 균역법을 시행하여 세금을 감면했으며, 잔인한 형벌을 폐지했다. 무너진 법체계를 바로잡고자 『속대전』을 편찬했으며, 붕당 간의 갈등을 해소하기 위해 탕평책을 실시했다. 뛰어난 업적 뒤에는 자신의 콤플렉스를 극복하고자 했던 영조의 피나는 노력이 있었다.

53세, 인생의 완숙미가 느껴진 영조의 어진은 확실히 연잉군 시절보다 자신감이 묻어있다. 그러나 꽉 다문 입술과 날카로운 눈매는 여전히 신경질적인 성격이 있음을 보여준다.

영화에서도 이러한 영조의 성격이 잘 묘사되어 있다. 좋은 일을 할 때는 만안문으로, 흉한 일을 할 때는 경화문으로 다니며 외부의 일을 처리한 뒤에는 항상 옷을 갈아입고 불길한 이야기를 들었을 때는 양치질과 귀를 씻는다. 부정을 태워야 침실에 잠이 드는 등의 모습이다. 실제로도 영조는 이러한 습관이 있었다.

심리학자 김태형씨의 의견에 따르면 영조는 열등감, 죄의식, 마마보이 성향을 가지고 있다고 한다. 그래서 남성에 대한 불신이 크고, 쉽게 분노하고 폭발했으며 즉흥적으로 잔인한 판단을 했다는 것이다. 영조의 이러한 심리적 특징은 영조의 왕의 재위 기간 곳곳에서 드러났다.

영조의 까탈스러운 성격은 유독 사도세자를 대할 때 심해졌다. 영화 속에서 소의 문씨가 사도세자의 어머니 영빈 이씨에게 불손한 태도를 보이는 장면이 나온다. 그러자 대비 인원왕후(숙종의 계비)가 소의 문씨를 꾸짖고 종아리를 때리며 훈계한다. 그러자 영조가 화를 내며, 사도세자에게 선위한다고 한다. 인원왕후는 비아냥거리며 '그리하라'라고 말한다. 실제 역사에 있었던 일이다.

그런데 이 장면에서 생략된 내용이 있다. 당시 사도세자는 홍역을 앓은 지 얼마 안 된 상태였다. 당연히 몸 상태가 안 좋았다. 아들의 건강이 좋지 못함에도 영조는 양위 파동을 일으켜 사도세자를 힘들게 했다. 사도세자는 석고대죄하며 돌에 머리를 박고 양위를 철회해달라고 울부짖어야 했다. 영화처럼 머리가 돌에 부딪혀 망건이 부서지고 피가 철철 흐를 정도였다. 그러나 영조는 사도세자의 아픈 상태를 아랑곳하지 않았다. 사도세자와 등을 돌린 영조의 뒷모습은 부자의 미래를 반영한다.

영화 엿보기 2. 사도세자의 속마음 들여다보기

영조에게 아들 사도세자는 어떤 존재였을까?
사도세자에게 아버지 영조는 어떤 존재였을까?

세도 세자는 영조에게 있어 각별한 아들이었다. 효장세자가 죽고 나서 어렵게 얻었기 때문이다. 나이 40이 넘어 낳은 만큼, 영조는 사도세자에 대한 기대가 컸다.

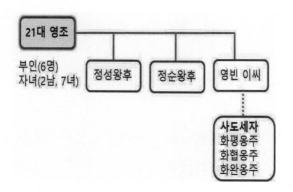

사도세자는 영조의 하나 뿐인 아들이었다.

사도세자는 영조가 기대할 만한 인재였다. 태어난 지 4개월 만에 기어 다니며 6개월에는 영조의 물음에 답할 정도였다. 7개월에는 동서남북을 구분하고 2살 때는 이미 글을 배워 글씨를 쓸 정도였다. 어떤 부모가 기대하지 않을까?

하지만 본격적으로 세자교육을 받기 시작하면서 사도세자는 공부보다는 무예를 좋아했다. 기록에 의하면 사도세자는 15살부터 몸집이 커지고 힘이 장사여서 효종이 들었다는 무거운 청룡언월도를 쉽게 들었다. 말 타기와 활쏘기에도 매우 능해 '나는 듯이 말을 몰았다'라는 기록이 있을 정도다.

식성도 좋아 몸이 비대했다고 한다. 영조는 사도세자를 바라보며 "너무 뚱뚱해 잘못하다 넘어지면 다치기 쉬울 것 같다"라는 말을 했을 정도다. 또 "이 아이의 배 좀 보라. 지난번 가마 탈 때 보니 가마가 좁아서 탈 수 없을 정도였다."라고도 했다.

이 때 사도세자가 탄 가마는 영조가 18살 때 탔던 가마다. 그런데 사도세자는 12살 때 이미 아버지의 체격을 뛰어넘었다. 예나 지금이나 자식이 살이 찌면 부모는 걱정한다.

영조도 마찬가지였다. 하지만 그는 너무 심하게 아들의 식성과 비대한 몸을 타박했다. 사람은 원래 마음에 들지 않으면 사소한 것부터 트집을 잡는다.

본격적으로 대리청정을 사도세자에게 맡겼던 15세부터는 영조의 잔소리가 최고조에 달했다. 영화에서도 이 부분은 잘 표현되어 있다. 세자에게 권한을 줬으면서도 영조는 사사건건 간섭했다. 세자가 독자적으로 판단하면 자신을 무시한다며 나무랐다. 반대로 영조에게 물어보면 일 처리를 하지 못한다고 혼냈다.

이러지도 저러지도 못하는 사이에 사도세자의 스트레스는 극에 달했다. 스트레스가 너무 심해 청심환을 먹고 영조를 만나야 할 정도였다. 만나면 무서워서 실어증이 걸린 것처럼 말도 제대로 하지 못했다. 어떨 때는 영조가 호통 치면 사도세자는 기절했다.

사도세자를 바라보는 영조의 마음은 어떠했을까?

콤플렉스를 극복하기 위해 피나는 노력을 하며 신하들을 통제했던 자신과 다른 사도세자의 태도는 마음에 들지 않았다. 그는 왕이란 모든 신하보다 압도적인 학식을 가져야 한다고 생각했다. 그래야 여러 붕당의 신하들을 통제할 수 있기 때문이다. 이것이 영조가 생각한 조선 군주의 '기준'이었다. 그러니 요즘 말로 '하라는 공부는 안하고' 공부보다는 다른 것에 더 재능이 있었고 천재적 자질을 보인 사도세자의 모습은 항상 불만이었다.

자신을 싫어하는 아버지를 바라봐야 하는 아들의 입장은 어떠했을까? 심지어 아버지는 한 나라의 왕이다.

사도세자는 영조의 꾸지람 속에서 대리청정을 무려 14년간 했다. 하지만 너무 힘들어 여러 번 자살을 시도하기도 했을 정도다. 결국, 사도세자는 폭주했다.

사도세자의 아내 혜경궁 홍씨는 『한중록』에서 사도세자의 정신병을 기록하고 있다.

사람을 두려워하는 경패증, 천둥소리에 놀라는 뇌벽증, 옷을 제대로 입지 못하고 갑갑해 하는 의대증, 사고장애(정신분열증)등이 그것이다. (이외에도 과잉행동장애(ADHD)와 비슷한 증상이 1745년부터 보이기 시작했으며 15살 때에는 근시가 심해졌고, 가학증이 나타나 혜경궁 홍씨에게 바둑판을 던져 눈을 상하게 할 정도였다. 어떤 학자는 자신의 동생이었던 화완옹주와의 근친간을 의심할 정도였다.)

어떤 이들은 사도세자의 정신병이 아니라 정치적 희생양으로 보기도 한다. 정신병은 노론과 혜경궁 홍씨가 조작한 기록이라는 것이다. 그러나 2014년에는 울산대학교 의과대학 서울아산병원의 정신과 의사들이 한중록을 분석한 결과, 한중록의 내용은 현대의 정신 의학 지식이 없이 허구로 지어냈다고 보기 어렵다는 분석을 내놓았다. 이는 『한중록』에 나오는 사도세자의 묘사에 신빙성을 더해주는 연구 결과이다.

실제로 사도세자의 정신병은 여기저기 보인다. 1756년경에는 신하들 앞에서도 병이 발작하고 어머니 영빈 이씨도 이러한 광증을 목격한다. 영화에 나오는 장면처럼 동궁 근처에 땅을 파 지하방을 만들었는데 그 안에 관을 넣고 숨어 지내기도 했다. 1771년경에는 애첩 빙애를 죽이고 둘 사이에서 낳았던 은전군을 칼로 치고 연못에 던질 정도였다. 궁궐 내 환관과 궁녀 100여 명을 죽이기까지 했다. 사도세자의 정신병은 궁궐 안팎으로 알려졌다. 다만 영조만 모르고 있었다.

사도세자의 비정상적인 행동들은 정치적으로 악용되었다. 영조의 외척 가문이었던 김한구와 대신 김상로, 홍계희 등은 나경언을 사주하여 사도세자를 고발했다.

나경언은 내관들이 역모를 꾸민다며 고변서를 형조에게 가져갔다. 이후 영의정 홍봉한을 거쳐 영조에게 전해졌다. 영조는 분노하며 나경언을 심문했고 세자의 비행이 밝혀졌다.

사도세자는 궁녀와 환관을 죽이고, 여승을 궁중에 들이며, 허락도 없이 평양으로 놀러 다니고 상인에게 돈을 갚지 않았다는 내용이었다. 영조는 사도세자를 창경궁 휘령전 앞으로 소환했다.

임오화변. 그 비극의 서막이었다. 사도세자는 이 모든 혐의가 나경언의 모함이라고 울며 주장했다. 나경언과 대질시켜 달라고 요구했을 정도다. 그러나 영조는 "대리하는 세자가 대질을 해? 이 무슨 나라 망칠 소리냐?"라고 엄히 꾸짖으며 들어주지 않았다.

영조는 국고를 풀어 세자가 시전 상인들에게 빌린 돈을 갚게 했는데, 그 양이 엄청나서 또 분노한다. 실록에 따르면 잔치와 하사품 구입 때문에 세자궁의 예산이 텅텅 비어서 빌린 돈이 적지 않았다고 한다.

나경언의 고변 이후 사도세자는 석고대죄하며 영조에게 빌지만, 영조는 용서하지 않았다. 그런 아버지를 보며 사도세자는 영조에게 분노하기 시작했다. 왕이자 친부였던 영조는 사도세자에게 있어 '아모리'하고 싶은 대상일 뿐이었다. '아모리'란 아무렇게나 하고 싶다는 의미이다. 극단적으로 살해까지 포함된다.

영화 엿보기 3. 영빈 이씨가 흘린 눈물의 의미

선택하기 어려울 때가 있다. 영빈 이씨가 그랬다. 사도세자의 친모이자, 영조의 실질적인 부인이었던 여인. 아들을 지킬 것인가. 왕에게 충성할 것인가. 그 어려운 문제 앞에서 영빈 이씨는 선택을 해야 했다.

영조와 사도세자의 불편한 관계, 사도세자의 정신병과 불온한 소문들, 정치적 세력들의 개입, 나경언의 고변으로 인해 사도세자의 입지는 점점 줄어들었다. 사도세자의 폭력적 행동들은 가족들에게도 이어졌다.

결국, 영빈 이씨는 영조를 선택했다. 그리고 어머니로서가 아닌, 왕의 신하로서 사도세자의 죽음을 요청했다.

"지난번 제가 창덕궁에 갔을 때 몇 번이나 저를 죽이려고 했는데 겨우 제 몸의 화는 면했습니다만, 지금 비록 제 몸이야 돌아보지 않더라도 우러러 임금의 몸을 생각하면 어찌 감히 이 사실을 아뢰지 않겠습니까? … 지금 임금의 위험이 숨 쉴 사이에 있으니, 어찌 감히 제가 사사로운 모자의 정에 이끌려 사실을 아뢰지 않겠습니까?"

「폐세자반교」

왜 영빈 이씨는 눈물을 흘리며 자신의 친아들을 죽이라고 영조에게 청원해야만 했던 것일까?

「폐세자반교」에 의하면 사도세자가 영조를 죽이려 했기 때문으로 나와 있다. 물론 이 이유도 있지만, 더 본질적으로는 세손(정조)을 지키기 위한 선택이었을 것이다. 혜경궁이 쓴 『한중록』에는 영빈 이씨가 세손 모자는 지켜달라고 영조에게 말했다고 한다. 아들을 포기하고, 손자를 구한 것이다.

어떤 역사학자는 영조의 치밀한 계획으로 보기도 한다. 그러한 근거로 영조가 사도세자를 폐서인으로 삼고 사약이 아닌 자결을 명했기 때문이다. 사도세자를 사약 아닌 뒤주에 가둬서 죽인 이유를 훗날 세손의 정통성을 지키기 위한 것으로 보는 입장이다.

평소에 세손의 영특함을 본 영조는 세손(정조)을 가리켜 "조선 300년 종사를 이끌어갈 세손"이라는 말을 공공연하게 말했었다. 영조의 본심을 알게 된 신료들은 점차 사도세자를 멀리했다. 특히 지금까지 사도세자의 든든한 지지 세력이었던 장인마저도 사도세자에게 최후의 순간 등을 돌렸다.

아들의 죽음을 바라봐야 했던 영빈 이씨는 '내 자취에는 풀도 나지 않을 것'이라 한탄하며 살았다. 그리고 사도세자의 3년 상이 끝난 바로 다음 날 사망했다. (이러한 사망일 때문에 자살로 보는 이들도 있다) 영조는 종사를 위한 결단을 한 공이 크다 하여 그녀에게 '의열(義烈)'이라는 시호를 내렸다.

영조는 숙종의 영정에 참배한 후 전투에 임하듯 사도세자를 폐위했다. 그리고 칼을 들고 바닥을 치며 사도세자를 위협하고 자결을 명했다. 사도세자는 처음에는 빌었다. 그러나 영조의 단호한 모습에 낙담하고 옷소매로 자결하려 했지만 실패했다. 아침부터 시작되었던 상황이 저녁까지 길어지자 영조는 사도세자를 가둘 수 있는 물건을 가져오라 했다. 그래서 160cm 정도 크기의 뒤주가 왔다. (뒤주는 원래 밧소주방의 뒤주였으나 작아 어영청 뒤주를 가져왔다고 한다.)

어린 세손(정조)이 부르짖으며 사도세자의 죄를 용서해 달라고 요청했다. 그러나 영조는 세손을 물리치고 직접 뒤주에 못질했다. 영화 속 장면대로다.

28살의 건장한 체구의 사도세자는 8일간 좁은 뒤주에 갇혀 지내야만 했다. 영화 속에서는 중간에 뛰쳐나와 오열하는 장면이 나오는데 실제로도 뒤주의 관리가 느슨했다고 한다.

처음에는 다들 세자를 며칠 있으면 풀어줄 것으로 생각했던 것 같다. 세자도 얼마 뒤에 나올 것이라 이야기를 정도다. 갇힌 지 얼마 안 되어 사도세자는 뒤주 밖에 나와 바람을 쐬다가 영조가 꾸짖을 것을 두려워하여 뒤주로 돌아갔다는 이야기도 있다. 또 궁인들이 세자에게 부채와 음식도 제공하기도 했다.(뒤주 밑에 작은 구멍을 두어 물과 밥, 부채 등을 신하들이 넣어주고 제호탕(매실과 꿀로 만든 청량음료)을 바치기까지 했다.) 많은 사람이 영조의 변덕에 의해 사도세자의 처벌이 취소될 것이라 생각했던 것이다.

영화에서는 사도세자가 뒤주에 있을 때 부채를 넣어주는 장면이 나온다. 부채에는 용 그림이 그려져 있다. 이 부채는 세손(정조)의 탄생을 축하하며 꿈에서 꾸었던 용을 사도세자가 부채에 그려 넣은 것이다. 실제로는 세손을 낳을 때 용꿈을 꿔서 흰 비단에 그림을 그렸다는 기록만 있다. 다만 뒤주 안에서 부채로 오줌을 받아먹은 것은 사실이다. 이후 사도세자의 뒤주 생활이 철저하지 못한 것을 알게 된 영조는 격노하여 뒤주를 밧줄로 꽁꽁 묶고 풀을 덮어버렸다.

사도사제는 뒤주에서 천천히 굶어 죽어갔다. 7일째 되는 날부터 세자의 반응이 없었다. 이어 세게 흔들자 세자는 희미하게 "흔들지 마라, 어지러워 못 견디겠다."라고 대답했다고 한다. 5월 21일. 세자는 숨을 거두었고 영조는 기다렸다는 듯이 세자의 위호를 회복시켜 주었다. 다음은 사도세자가 죽었다는 말을 듣고 영조가 한 말이다.

"이미 이 보고를 들은 후이니, 어찌 30년에 가까운 부자간의 은의(恩義)를 생각하지 않겠는가? 세손(世孫)의 마음을 생각하고 대신(大臣)의 뜻을 헤아려 단지 그 호(號)를 회복하고, 겸하여 시호(諡號)를 사도세자(思悼世子)라 한다." 『영조실록』

임오화변. 워낙 충격적인 사건이었기 때문에 어떤 사람들은 사도세자의 정신병과 영조와의 관계뿐 아니라 당시의 정치적 상황(노론과 소론의 갈등)이 요소라고 주장하기도 한다.

이 주장은 사도세자의 정신병을 부정한다. 반대로 정치적으로 탁월한 능력의 소유자로 바라보고 있다. 정치적 성향으로는 소론과 가까웠기 때문에 노론과 대립했다는 입장이다. 자연스럽게 대리청정 과정에서 반노론적 성향을 보이자 노론은 영조를 압박하여 사도세자를 죽였다는 주장이다.

이 주장의 근거 중 하나는 조한규의 「임오본말(壬午本末)」이다. 이 책을 쓴 조한규는 노론과 대립했던 소론계열이다. 이 책은 사도세자의 죽음에 관한 민간의 소문이 담겨져 있다. 사도세자가 당쟁의 희생양으로 보는 입장에서는 혜경궁 홍씨의 『한중록』을 어떻게 바라보고 있을까?

혜경궁 홍씨 가문은 정조의 집권 후 정치적으로 몰락했다. 그래서 『한중록』은 그 성격상 혜경궁 홍씨가 자신 가문의 몰락이 잘못된 것임을 밝힌 변명서로 보고 있다. 혜경궁 홍씨는 자신의 가문을 위해 사도세자가 원래 정신병이 있는 것처럼 묘사했다는 것이다. 자신의 가문의 잘못으로 사도세자가 죽은 것을 가리기 위한 책이라는 입장이다.

그러나 이들의 주장은 몇 가지 부분에서 비판받고 있다. 첫 번째는 근거가 되었던 「임오본말(壬午本末)」의 신뢰성이다. 소론계열의 인사가 작성했고, 풍문을 적고 있어 자료의 신뢰성을 비판받고 있다. 두 번째 『한중록』의 성격에 관한 부분이다. 이 책은 크게 3번의 시기에 나눠 작성되었는데, 한 편은 정조때, 나머지 두 편은 순조 때 작성된 것이다. 그나마 정조때 작성될 무렵의 내용은 혜경궁 홍씨 가문이 다시 일어설 때였다.

이처럼 정치적 해석은 당시 여러 자료를 비교해보면 맞지 않는 부분이 많다. 영조의 탕평책에 의해 노론과 소론의 대립적인 정치 관계는 이미 무너졌기 때문이다. 당시 가장 큰 문제는 왕의 외척 가문들의 국정개입과 갈등이었다. 이러한 측면에서 노론의 계획에 의해 사도세자가 죽었다고만 보기에는 어렵다. 영조와 사도세자의 비극은 종합적인 입장에서 판단하는 것이 옳을 것이다.

영화의 마지막 장면은 먹먹하다. 우여곡절 끝에 사도세자의 아들, 정조가 왕이 되었다. 사도세자가 죽고 나서 영조는 유일한 혈육인 정조를 이전과 다르게 키웠다. 자신의 '기준'을 바꾼 것이다. 실패를 그대로 두면 실패가 되지만, 실패를 통해 교훈을 얻으면 경험이 된다. 영조는 자신의 '기준'을 돌아봤고, 수정하였다. 그 결과 정조는 세종과 견주는 왕이 되었다.

4. 영화 더 보기 (역린)

정조에게 아버지 사도세자의 죽음은 큰 충격이었을 것이다. 정조가 왕이 되었을 때, 사도세자의 죽음에 관여했던 신하들은 불안했다. 그리고 불안은 반란으로 이어졌다.

영화 더 보기 1. 역린의 실체

영화 〈역린〉(이재규, 2014)은 정조(현빈 분) 즉위 후 일어난 정유역변을 배경으로 한다. 역린이라는 영화 제목이 의미심장하다. 『한비자』라는 책에 역린에 대한 설명이 나온다. 역린은 용의 목 아래 거꾸로 배열된 비늘을 말하며, 왕의 노여움을 상징한다. 왕의 콤플렉스이자, 약점이다.

정조에게 역린은 무엇이었을까?

바로 사도세자의 존재와 임오화변이었다.

"나는 사도세자의 아들이다!"

정조가 즉위하면서 했던 이 말은 영조의 뜻을 받들어 복수하지 않겠다는 의미였다. 그러나 누군가에게는 복수의 말로 들렸을 것이다. 사람은 자신이 보고 싶은 것만 보려 하기 때문이다.

영화 '역린'
예고편

〈역린〉(이재규 감독, 2014) 포스터
제작 : 초이스컷 픽쳐스   배급사 : 롯데엔터테인먼트

영화에서는 정유역변의 배후를 정순왕후(한지민 분)와 노론으로 보고 있다. 규모도 대규모의 반란이었다. 하지만 정유역변의 실체는 생각보다 허술하고 규모도 작았다.

1777년 7월 28일 밤 11시, 정유역변의 장소는 경희궁 내 존현각이었다. 홍계희 집안은 정조가 왕이 된 후 몰락하였다. 불만을 품고, 강용휘라는 포교와 전흥문이라는 장사를 포섭하여 20명을 궁궐에 잠입시켰다.

내통자가 있어 궁궐문이 쉽게 열렸으나 갑자기 강용휘가 지붕 위에 올라 기왓장을 뜯고 아래로 던지며 모래를 뿌리면서 정체가 들통났다. 이후 소란스러워지자 도망갔다. 수십일 뒤 이 두 명이 다시 궁궐 담벼락을 넘다 잡혔다. 이 사건이 정유역변의 전모다.

영화 더 보기 2. 정조의 '기준'

영화 속에서는 구선복(송영창 분)이 등장한다. 사도세자가 뒤주에 갇혀 있을 때 비아냥거렸던 인물로 묘사된다. 하지만 이것은 야사에 근거한 이야기다. 사실 구선복은 정유역변이 발생했을 때 범인을 잡아 정조의 신임을 받았던 인물이다.

이외에도 정조를 암살하려는 역모가 2차례 더 있었으나 매우 허술하여 정조의 정치적 음모라는 이야기도 있다. 실제로 이 사건 이후 왕을 호위하는 장용영이 탄생했다. 정조의 거대 친위군사집단으로 성장했다. 정조의 큰 그림으로 해석되는 이유이기도 하다.

정순왕후에 대한 묘사도 사실과 다르다. 도리어 정조는 정순왕후와 협력적 관계인 경우였다. (정조는 자신의 외가였던 혜경궁 홍씨 가문을 의식했다. 외할아버지 홍봉한은 정조가 세손 시절 당시(1769), 홍봉한이 사도세자 추숭에 간해 정조에 조언한 적이 있었다. 조언 중 자신의 말 대로 하지 않을 경우 반대 세력이 이복 형제를 왕으로 추대할지 모른다고 했다. 정조는 이 말을 빌미로 왕이 된 후 혜경궁 홍씨 가문을 여러 혐의로 관직에서 좌천시켰다. 정조는 당시 막강한 권력을 누리는 혜경궁 홍씨 가문이 부담스러웠다. 정조는 먼저 홍봉한의 동생 홍인한을 역모로 처단했다. 배후로 지목되었던 홍봉한은 죽음을 면했으나 세력이 약화 되었다. 이후 혜경궁 홍씨 가문은 정치적으로 몰락했다.)

정순왕후는 15살 때 영조와 결혼하였다. 이때 영조의 나이는 66세였고 둘 사이에 자녀가 없었다. 정조의 계모지만 실제로는 사도세자보다 10살 어렸고, 정조와도 7살 차이밖에 나지 않았다.

임오화변이 발생했을 때, 정순왕후 집안의 힘은 그리 크지 않았다. 도리어 혜경궁 홍씨의 집안의 세력이 더 컸다.

그렇다면 왜 정순왕후를 정조 암살의 배후로 영화에서는 묘사한 것일까?

그것은 정조 독살설과 관련이 있다. 정조가 죽기 전에 수정전(정순왕후가 있던 곳)을 말했고, 정순왕후가 정조의 임종 순간을 지켜봤기 때문이다. 하지만 평소 정조의 생활습관은 매우 좋지 않았다. 수면시간은 매우 부족했고, 술과 담배를 즐겼다. 늦게까지 업무를 보는 경우가 많아 스스로 동년배보다 많이 늙었다고 하소연할 정도였다.

정조는 심각한 워커홀릭이었다. 그의 죽음은 독살설로 보기보다는 과로와 고된 일, 질병(종기)에 의한 합병증으로 보는 것이 사실에 맞을 것이다.

정조는 포용을 통해 역린을 극복했다. 자신과 의견이 맞지 않는 이들을 배제하는 것은 누구나 할 수 있다. 하지만 정조는 달랐다. 자신의 '기준'과 다른 이들을 포용했다. 정조의 위대한 점이다. 이를 위해 꾸준히 노력했고, 신하들보다 더 많이 공부했다. 스스로 군주도통론을 내세우며 신하들을 학문으로 굴복시켰다.

만천명월주인옹(萬川明月主人翁), 정조의 호다. 이 호에 담긴 의미는 정조의 '기준'이 담겨있다. 만천은 모든 백성을 의미하고, 명월은 만천을 비추는 정조를 의미한다. 명월은 빛이다. 빛은 모든 곳을 비추며 드러낸다. 이처럼 정조는 각 개인이 가진 재능에 맞춰 쓸모 있게 사용했다. 그 결과 정조의 시대는 조선의 르네상스로 불린 번영의 시대였다.

정조는 누구보다 힘든 어린 시절을 보냈다. 하지만 열등감을 극복하고, 자신만의 '기준'으로 세상과 사람들을 포용했다. 정조의 뒷모습이 그립다.

4. 만약에 한국사

만약에 한국사 1. 사도세자가 왕이 되었다면?

> 1. 워커홀릭 – 세종대왕, 영조, 정조
> 2. 폭군 – 연산군
> 3. 책임 전가 – 선조, 인조
> 4. 무색무취 – 정종, 중종
> 5. 허수아비 – 순조, 철종, 헌종

조선 시대 왕들을 각 특징에 맞게, 분류해 봤다. 크게 5개 유형이다.

첫 번째 유형은 워커홀릭이다. 세종대왕, 영조, 정조 등이 대표적이다. 자신의 주어진 업무를 탁월하게 해결하며, 어떠한 문제를 성취하는데 목적을 둔다. 대신 과로사할 확률이 높다. 주변 신하들도 피곤할 수 있다.

두 번째 유형은 폭군이다. 연산군이 대표적이다. 하고 싶은 것을 다 즐긴다. 하지만 왕에서 쫓겨날 확률이 높다.

세 번째는 책임 전가 유형이다. 선조와 인조가 대표적이다. 선조와 인조는 모두 전쟁을 경험한 왕들이었다. 전쟁의 피해가 발생한 원인을 신하들에게 돌렸다.

네 번째는 무색무취 유형이다. 왕이지만 자신만의 색깔이 없는 왕들이다. 정종과 중종이 대표적이다. 쿠데타에 의해 왕이 된 사람들이 주로 그렇다. 정종은 왕자의 난을 계기로 왕이 되었다. 중종은 중종반정으로 왕이 되었다. 정종은 이방원의 눈치를 봤고, 중종은 훈구의 눈치를 봤다.

마지막은 허수아비 유형이다. 세도정치기 순조, 철종, 헌종이 대표적이다. 강력한 가문들이 권력을 독점하면서 왕권이 유명무실했다. 사회는 혼란했으며, 백성들의 삶은 최악이었다.

사도세자가 왕이 되었으면 몇 번째 유형의 왕이 되었을까?

개인적으로는 2번이 될 확률이 높다고 생각한다. 근거는 두 가지다.

첫 번째는 평소의 행실이다. 사도세자가 죽게 된 가장 큰 원인 중 하나는 나경언의 고변이다. 나경언의 고변의 핵심내용은 사도세자의 비행이었다. 사도세자는 정신적 고통으로 파행적인 행동과 사건을 많이 저질렀다. 만약 뒤주에서 풀려나 영조를 이은 왕이 되었다고 해도 크게 달라지지 않았을 것이다.

두 번째 근거는 영조의 긴 수명이다. 임오화변은 1762년, 영조 38년에 일어났다. 이때 영조의 나이가 68세였다. 사도세자의 나이는 27세였다. 영조는 1776년에 승하했다. 임오화변이 발생하고도 무려 14년을 더 왕위에 있었다. 이 말은 사도세자가 17년 더 영조 밑에서 살아야 했다는 것이다. 얼마간은 뒤주에 갇힌 경험이 있었기 때문에 영조의 말을 잘 들었을 것이다. 하지만 사도세자는 15살, 수렴청정한 이후부터 12년간 여러 광증에 시달렸다.

영조가 이를 받아들이며, 사도세자를 이해하며 살았을까?

개인적으로는 힘들었을 것이다. 또다시 사도세자를 압박했을 공산이 크다. 사도세자도 결국 참지 못하고 터졌을 것이다. 무사히 왕이 되었을 때 사도세자의 나이는 39살이다. 혈기 왕성한 나이다. 자신을 통제했던, 아버지 영조가 없는 사도세자의 모습은 어떠했을까? 조선은 3번째로 폐위될 왕을 목격할 수도 있다.

만약의 상황을 가정해 봤다.

사도세자가 왕이 된다면? 일어나지 않은 일이기 때문에, 어느 것이 정답이라고 말할 순 없다. 다만, 정조의 생명을 장담하기 어려웠을 수도 있다. 사도세자는 자신의 아들을 연못에 던지고, 애첩을 죽인 전례가 있다. 어머니 영빈 이씨는 그것이 두려워 사도세자의 대처분을 원했던 것이다.

만약에 한국사 2. 조선 후기를 소재로 영화를 만든다면?

> 1. 숙종 - 장희빈과 인현왕후(환국), 고양이(금덕), 송시열,
>   안용복, 검계.
> 2. 영조 - 연잉군 시절, 어진 화가
> 3. 정조 - 정약용과 검서관, 장용영, 수원 화성,
> 4. 사회·문화 - 서민문화(탈춤, 탈놀이), 풍속화, 진경산수화,
>   민화, 노비의 신분 상승

조선 후기는 회복과 재건의 시대였다. 사회 전반적으로 역동적이었다. 정치적으로는 붕당 간의 갈등을 봉합하기 위한 탕평 정치가 이뤄졌다. 사회적으로 신분제 변동과 서민문화가 발달했다. 역동적인 사회였다.

이 시기에는 어떤 영화를 만들 수 있을까?

장희빈과 인현왕후를 들 수 있다. 소재만 빌려 현대극으로 제작할 수 있다. 로맨스와 정치물의 성격이 혼재되어 있기 때문이다.

다음으로 고양이에 대한 영화도 고려할 만하다. 숙종은 대표적인 애묘인이었다. 그의 고양이 금덕이가 죽자, 숙종은 직접 추모글을 쓸 정도였다. 숙종은 조선 시대 가장 높은 고양이 집사였다.

송시열은 노회한 사상가이자 정치인이다. 그를 처리하는 숙종의 정치적 역량은 영화로 제작되면 흥미로울 것이다.

이외에도 독도 지킴이 안용복과 지금의 조직폭력배라 할 수 있는 검계에 대한 이야기를 다룰 수 있다.

영조는 왕이 되기 전 연잉군 시절과 경종과의 관계를 브로맨스로 해석하여 다루면 어떨까?

영조의 어진을 그린 화가들에 관한 이야기도 흥미로울 것이다. 실제 영조의 어진을 그린 이 중 한 명이 김홍도다.

김홍도의 삶의 풍속화 속 에피소드를 영화로 제작해 보면 어떨까?

정조 때는 유능한 신사들이 많았다. 정약용이 대표적이다. 사실상 정약용으로 추정되는 인물을 탐정물로 흥행한 영화도 있다. 이처럼 정약용과 검서관(이덕무, 박제가, 유득공)들의 활약상을 어벤져스 형식으로 제작할 수도 있다. 각각의 인물이 매력적이기 때문이다.

왕실의 강력했던 군사 집단 장용영도 백동수와 연계시켜 제작할 수 있다. 수원 화성을 만들려는 자와, 파괴하려는 자의 구도로 영화를 제작해도 흥미로울 것이다.

마지막으로 사회·문화가 매우 번성했던 시기인 만큼, 우리 문화를 상징하는 소재들이 많다. 특히 그림을 소재로 만든다면 아름다운 영상미를 자랑할 것이다.

역동적인 시대였던 만큼 노비의 신분 상승을 소재로 다룬 영화도 예상할 수 있다. 노비가 신분을 세탁하는 과정은 상당히 흥미롭다. 드라마 〈역적:백성을 훔친 도적〉에서 등장하는 아모개(김상중 분)가 대표적이다. 영화 제작에 좋은 참고가 될 것이다.

8장

군도 : 민란의 시대
명당

8장

〈군도:민란의 시대〉, 〈명당〉

땅에 집착을 버리고 백성을 구하라

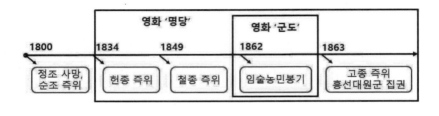

1. 영화 '군도:민란의 시대' 알아보기

19세기 조선의 백성들은 영웅을 염원했다. 그러나 영웅은 등장하지 않았다.

영화 〈군도:민란의 시대〉(윤종빈, 2014)는 스스로 영웅이 된 백성들의 이야기다. 지리산 화적떼 추설 무리의 노사장 대호(이성민 분), 백정 출신의 돌무치/도치(하정우 분), 땡추(이경영 분)는 모두 사회적으로 천대받았던 자들이다.

사회의 권위와 세력이 없던 이들은 각자의 사연으로 인해 모이게 된다. 이들이 모이자 힘이 생겼고, 백성을 구하며 탐관오리들을 희롱하고 처단한다.

196

영화 '군도' 예고편

〈군도〉 (윤종빈 감독, 2014) 포스터
제작사:㈜영화사 월광, 쇼박스, ㈜미디어플렉스 배급사 : 쇼박스

그러던 어느 날 그들은 나주 부호 조윤(강동원 분)을 거사의 대상으로 정한다. 조윤은 관과 결탁하여 백성들의 토지를 빼앗고 수탈을 일삼는 삼남 지방 최고의 부호였기 때문이다.

당시 조선은 뭉치면 백성, 흩어지면 도적이 될 정도로 백성들의 삶은 처참했다.

영화 〈군도 : 민란의 시대〉는 이 시대의 사회적 모순과 갈등을 나주 부호 조윤(강동원 분)과 지리산 화적떼들 사이의 사건으로 반영하여 그려냈다.

철종 13년은 세도정치가 극에 달했던 시대였다.

백성들의 삶을 파괴하는 진정한 도적은 누구였을까? 백성을 수탈하는 지배층인가? 백성을 구하고자 했던 지리산 도적떼인가?

2. 영화 '군도:민란의 시대' 엿보기

영화의 배경이 되는 19세기 조선은 변화와 안주의 갈림길에 서 있었다. 사회와 경제는 급변하며 발전해 갔다. 상품 경제 발전을 바탕으로 부유한 평민들이 늘어난 반면 전통적 지배층이었던 양반 중 일부는 몰락해 갔다. 신분은 판매의 대상이 되어가면서 신분제는 흔들거렸다. 양반만의 전유물이었던 글을 평민들이 익히면서 한글 소설, 판소리 등의 서민문화가 태동하였고, 확산되었다.

확실히 조선은 변하고 있었다. 아래로부터의 변화는 새로운 시대로 갈 수 있는 나침반이었다. 그러나 그 나침반을 들고 앞으로 나가야 할 지배층들은 부패하고 나태했다.

순조~철종(1800~1863)의 시대는 세도정치 가문이 권력을 농단하던 때였다. 왕들은 허울뿐인 권력자였다. 세도정치 가문들은 자신의 권력을 유지하기 위해 매관매직과 삼정의 문란으로 대표되는 세금 수탈을 일삼았다. 백성들의 삶은 점차 피폐해졌고, 희망은 보이지 않은 이때, 사람들은 새로운 세상을 원했다.

토지와 살 집을 잃어버린 백성들은 떠돌이 생활을 하거나 산으로 들어가 도적이 되었다. 그리고 새로운 사회를 꿈꾸며 인간답게 살기를 소망했다. 결국, 백성들의 민란과 봉기는 살기 위한 몸부림이자 새로운 시대를 향한 발자국이었다.

> 영화 엿보기 1. 백성들의 분노, 전국을 휩쓸다.
> 영화 엿보기 2. 실제로 등장한 활빈당 – 추설 집단
> 영화 엿보기 3. 새로운 문물, 조선에 들어오다

영화 엿보기 1. 백성들의 분노, 전국을 휩쓸다.

백성들의 분노는 어제 오늘의 일이 아니었다. 과거부터 누적되었던 불만이다.

이 불만은 먼저 평안도에서 터졌다. 바로 홍경래의 난(1811)이 발생한 것이다. 홍경래는 몰락한 양반 출신이었다. 그는 지역의 토호였던 우군칙과 무역상 출신의 이희저와 규합하여 세력을 키웠다. 이들은 모순으로 가득 찬 세도정치와 지역 차별을 타파한 새로운 세상을 꿈꿨다. 하지만 아직 때가 차지 않았고, 많은 이들의 호응을 얻기에 부족했다. 반란을 일으킨 지 반년 후 진압당했다.

그러나 모든 문제가 해결된 것은 아니었다. 당시 권력을 장악하고 있던 세도정치 가문은 홍경래 난이 발생한 근본적 원인을 파악하고 해결책을 제시해야 했다. 세도정치 가문은 이것을 방치했다. 그 결과, 50년 뒤 전국적인 봉기가 발생했다.

임술년 2월 19일, 진주민 수만 명이 머리에 흰 수건을 두르고 손에는 나무 몽둥이를 들고 무리를 지어 진주 읍내에 모여 서리들의 가옥 수십 호를 불사르고 부셔서 그 움직임이 결코 가볍지 않았다. 병사가 그들을 해산하고자 잠시에 나가니 흰 수건을 두른 백성들이 그를 빙 둘러싸고 백성들의 재물을 횡령한 조목, 아전들이 세금을 포탈하고 강제로 징수한 일들을 눈앞에서 여러 번 문책하는데 그 능멸하고 핍박함이 조금도 거리낌이 없었다.

「임술록」

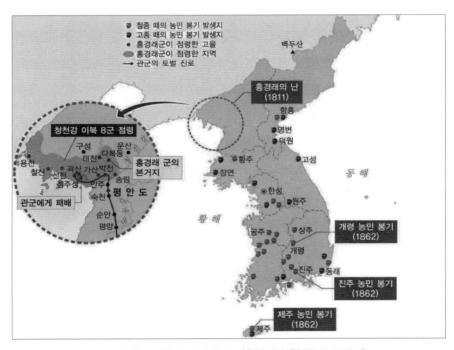

19세기는 민란의 시대였다. (출처:금성『한국사』교과서)

1862년, 삼남 지방(경상, 전라, 충청)에서부터 함경도까지 전국 70여 곳에서 1년 내내 백성들의 민란이 발생했다. 조선 역사상 유례가 없는 일이었다. 그만큼 사회 불만이 극에 달했음을 보여준다. 조선 철종 13년(1862년)에 일어난 이 봉기를 가리켜 '임술 농민 봉기'라고 한다. 이 농민봉기가 영화의 배경이 되는 시대다.

백성들의 분노를 일으킨 원인은 무엇이었을까?

첫 번째, 삼정(전정, 군정, 환곡)의 문란이었다. 삼정이란 백성들이 납부했던 세 가지 조세를 말한다. 삼정의 문란이 얼마나 심했는지 황구첨정(16세 이하 아이에게도 군포를 징수), 백골징포(이미 죽은 사람 몫의 군포 징수), 인징(이웃에게서 징수), 족징(친척에게서 징수) 등의 명목으로 세금을 걷어갔다.

처참했던 당시 백성들의 삶은 정약용의 「애절양」을 통해 알 수 있다.

남편이 찰 들고 들어가더니 피가 방에 흥건하네 / 스스로 부르짖길
"아이 낳은 죄로구나!"
누에 치던 방에서 불알 까는 형벌도 억울한데 / 민나라 자식의 거세도 진실로 또한 슬픈 것이거늘
자식을 낳고 사는 이치는 하늘이 준 것이요 / 하늘의 도는 남자 되고 땅의 도는 여자 되는 것이라
거세한 말과 거세한 돼지도 오히려 슬프다 할 만한데 / 하물며 백성이 후손 이을 것을 생각함에 있어서랴!　　　정약용, 『애절양』

세금 때문에 자신의 생식기를 잘라야 했던 시대가 19세기 세도정치 가문이 통치한 조선이었다.

두 번째 원인은 사회의 양극화와 무능력한 지배층의 한계였다. 조선 후기는 상품 화폐 경제의 발달로 경제성장이 이뤄졌던 시기였다. 상공업과 농업이 발달하자 재산을 모은 일반 백성들이 늘어나면서 양반 신

분을 구매하는 이들도 늘어났다. 반면, 재산을 축적하지 못한 백성들은 빈농층이 되면서 사회를 유랑하거나 임노동자가 되었다. 조선 사회는 점차 양극화되었다.

관직에 오를 길이 막혀버린 대다수의 양반이 늘어났다. 그들은 신분은 양반이지만 경제 수준은 빈농층 수준으로까지 떨어졌다.

양반층 내에서도 권력을 장악한 권반(權班)과 몰락한 잔반(殘班)으로 분화되었다. 잔반들은 세도 가문에 불만이 많았다. 그래서 실제 민란의 시작 과정에서 잔반들이 주도하기도 했다.

영화 속 태기(조진웅 분)는 몰락한 양반을 반영한다. 그 또한 과거시험에 여러 번 낙방하자 실력보다 연줄과 뇌물이 팽배한 세상을 비관하며 추설에 입단했다. 역사적으로는 홍경래와 동학의 창시자 최제우가 있다.

사회가 양극화되면서 지방 관리들을 통제할 수 있는 견제세력이 약화되었다. 자연스럽게 지방 관리들은 부정부패를 일삼았고, 백성들을 수탈했다. 세도 가문이 장악한 조선 정부는 특별한 대책을 내놓지 못했다. 무능력한 정부의 전형이다.

세 번째, 조선 후기 민중의식의 향상을 들 수 있다. 흔들리는 신분제와 상품 화폐경제의 발달은 부를 축적한 부농층을 만들었다. 이들은 기존의 신분제 질서에 따르던 순종적인 태도에서 벗어나 신분제를 부정적으로 인식하고 지배층의 수탈에 저항적인 태도를 보였다.

판소리와 탈춤과 같이 서민들이 즐기는 문화 현상이 유행하였고, 글을 읽을 줄 알게 된 평민이 늘어나면서 한글 소설이 널리 퍼졌다. 아예 돈을 받고 책을 빌려주는 대여점도 생겨났으며 장날에는 저잣거리에서 소설을 읽어주고 돈을 받는 '전기수'와 같은 직업을 가진 사람들도 나타나게 되었다.

봉산탈춤같이 양반의 무능함과 무식함을 폭로하는 방식의 풍자가 널리 이뤄졌고, 안동의 하회탈춤에서 양반탈이 우스꽝스러운 표정으로 제작된 것도 그러한 현상을 반영한다. 봉산탈춤 대사에서는 당시의 백성들 생각이 반영되어 있다.

가혹한 수탈, 사회의 양극화와 무능력한 지배층, 민중의식의 성장은 조선 백성들을 꿈에서 깨어나게 했다. 기대했던 영웅은 등장하지 않았고, 그들 스스로 문제를 해결해야 했다. 새로운 시대를 향한 시작은 백성들이 뭉치는 것에서부터 시작되었다. 그들 스스로 영웅이 된 것이다.

영화 엿보기 2. 실제로 등장한 활빈당 - 추설 집단

지리산은 산세가 험해서 예전부터 산적들이 출몰하던 곳이었다. 조선 후기에는 실제로 '추설'이라고 불리는 집단이 존재하였다. 지리산에 터를 잡았기 때문에 '지리산 추설'이라고 불렸는데 영화 속의 추설은 바로 이 집단을 모티브로 등장한 것이다.

'추설'이라는 집단에 대해 기록은 김구(1876~1949)의 『백범일지』에서 확인할 수 있다. 김구는 1911년 105인 사건에 연루되어 서대문형무소에 수감된다. 우연히 같은 감방에 '김 진사'라는 사람이 있었다고 한다.

이 사람은 과거시험에 합격하여 진사 칭호를 받은 것은 아니었다. 실제로는 도적 떼였다. 스스로 '추설'의 조직원이라고 밝히며 조선 시대 도적 떼들의 계보를 김구에게 알려줬다.

조선 시대 의적 단체는 여러 곳에 있었다고 한다. 황해도 구월산에서 활동하던 '목단설', 삼남 지방의 '추설'이 대표적이라고 한다. 이 도적들의 기원은 의외로 깊이 거슬러 올라간다. 1392년, 조선 건국에 불만을 가졌던 사람들과 승려들이 은거하여 만들어진 단체가 시초다.

이들은 자신의 활동을 일반 도적 떼들과 다르다고 봤다. 스스로 의적 행위라고 주장한 것이다. 아무나 약탈의 대상이 아니었다. 시기와 장소를 정해 의미 있는 일을 할 때만 모여 거사를 치렀다고 한다. 김 진사가 백범에게 밝힌 의적행위 중 하나는 '화개장터 습격 사건'이다. 영화 초반부 추설의 활동 모습과 거의 비슷하다.

주로 장례행렬을 이용해서 활동하는데 문상객, 양반, 장사꾼, 거지 등으로 변장해서 일정 장소에 모인다. 그리고 상여에 숨겨 둔 무기를 꺼내서 약탈을 시작하는데 이렇게 빼앗은 재물들은 가까운 절에 옮겨서 나누거나 가난한 사람들에게 나누어 주었다. 그래서 그들은 조선 시대의 유명한 의적이었던 홍길동의 후예라고 자처하였다.

영화와 마찬가지로 우두머리를 '노사장'이라고 불렀고 실무를 담당하는 인물로 '유사'를 두기도 하였다. 추설의 조직과 체계는 영화와 거의 유사하다.

그리고 이들은 신입 단원을 모집하는 방식도 독특하다. 영화에서도 나오지만 '돌무치'를 입단시킬 때 관원으로 변장한 추설들이 돌무치의 담력과 용기를 시험하였다. 실제로도 영화보다 더 강도가 높은 편이었다. 관리로 위장한 추설들이 신입 단원이 될 사람을 체포하여 없는 죄를 자백하도록 혹독하게 고문을 하고 괴롭혔다.

여기서 끝까지 입을 다물고 버티는 사람은 새롭게 받아들이고 그렇지 못한 사람들은 풀어서 집에 돌려보냈다고 한다. 아무래도 비밀리에 활동하는 집단이다 보니 담력과 용기, 의리가 그들에게 가장 중요한 입단 기준이었을 것이다.

영화 엿보기 3. 새로운 문물, 조선에 들어오다

이양선(異樣船). 조선의 배와 모양이 달랐던 서양배를 의미한다. 조선에 이양선은 18세기 중반부터 조금씩 나타나기 시작하더니, 19세기가 되면 출몰하는 횟수가 빈번해졌다. 이양선의 등장은 새로운 문화가 조선을 향해 다가오는 신호탄이었다.

영화 〈군도:민란의 시대〉에서도 서양의 새로운 문물들이 조선에 유입된 모습들이 보인다. 돌무치(도치)가 추설의 복수를 위해 용 모양의 기관총을 들고 관군을 제압하는 장면이 나온다.

기관총은 미국의 의사였던 리처드 조던 개틀링이 1861년에 개발하여 1862년부터 남북전쟁에 사용되었다. 개틀링은 총열을 여러 개 붙여놓고 사용자가 손잡이를 돌려 수동으로 동력을 공급하면 총열이 회전하면서 빠른 속도로 총알을 퍼붓는 무기였다. 영화의 배경이 1863년이기 때문에 미국에서 개발된 최신형 무기가 조선에 바로 보급되었다고 보기는 어렵다. 조선에서 본격적으로 개틀링 기관총을 도입한 것은 1882년이다.

영화 속 1863년 당시 조선의 화기 수준은 어느 정도였을까?

대략 화승총 단계에 머물렀다. 영화에서도 조윤이 조총을 쏘는 장면이 나온다. 조총은 화승총(火繩銃, Matchlock gun)이라고도 한다. 말 그대로 화승(불을 붙이는 심지)을 이용해 점화하는 방식의 구형 전장식(총열의 앞으로 탄알을 장전하는) 총기이다. 임진왜란 때 일본군이 사용하던 수준이라고 할 수 있다. 임진왜란 당시에는 화승총의 발사속도가 빠르고, 또한 조준을 정확히 한 상태에서 쏠 수 있으므로 비교적 명중률이 높은 무기였다. 조선에서는 1594년(선조 27)부터 훈련도감에서 화승총인 조총을 제작하기 시작하며 보급되었다.

개틀링이 보급되면서 대량 살상이 확산되었다.
(출처:용산 국립박물관)

그러나 서양에서는 이미 기관총이 나올 때 조선은 여전히 구식 화승총을 사용하고 있었다는 것은 무기 수준 차이를 극명히 보여준다. 무기의 수준 차이가 발생하면 생기는 가장 큰 무서움은 일방적인 학살이 가능하다는 점이다.

우려는 현실이 되었다. 1894년 조선의 동학농민혁명군은 화승총과 죽창, 낫을 들고, 일본군에 달려들었다. 하지만 1,500명의 일본군은 기관총으로 수만 명의 동학농민혁명군을 일방적으로 학살했다.

안경은 조선 시대 유입된 대표적인 서양식 물건 중 하나였다. 영화 속 조윤도 안경을 쓰고 화승총을 다루는 장면은 실제 역사적으로 봤을 때 가능한 장면이다.

안경은 영국의 베이컨(Bacon, L.)이 1268년 처음으로 고안하였다고도 알려져 있다. 서양에서는 13세기 후반 본격적으로 사용하였다고 한다. 우리나라에 안경이 들어오게 된 것은 북경에 다녀온 사신들을 통해서였다. 안경은 18세기부터 자체적으로 만들어 쓰기 시작했다. 당시 조선의 지배층이었던 양반은 성리학적 소양을 쌓기 위해 많은 책을 읽어야 했다. 나빠진 시력을 보완하고 독서를 도와주는 안경은 필수적인 물건이 되었다.

조선의 임금들도 안경을 착용하였는데 기록을 살펴보면 최초로 안경을 쓴 왕은 숙종이다. 1716년(숙종 42년) 숙종이 나이가 들어 글씨를 읽기 힘들게 되자 신하였던 조태채의 권유로 안경을 쓰면서 만족했다는 기사가 나온다. 다만 공식적인 자리에서는 임금이라도 안경을 사용하지 않았고 비공식적인 자리에서만 안경을 착용할 수 있었다.

숙종 다음으로 안경을 자주 쓴 임금은 영조와 정조였다. 영조는 시력이 좋지 않았고 난시, 근시까지 있었다. 당시 영조의 눈에 맞는 안경을 찾기 어려웠다고 한다. 왕조차도 눈에 맞는 안경을 구하기 어려웠던 것은 조선의 안경 기술의 수준을 보여준다.

안경에 다리를 붙인 것은 훨씬 뒤의 일이다. 초기에는 노끈을 매달아 썼다. 또는 손에 쥐고 갖다 대면서 사용하는 형태가 대다수였다. 18세기 초반에 들어와서 안경에 다리를 붙이고 쓰게 되었는데, 지금 우리가 아는 것처럼 귀에다 걸치는 안경이 아니다. 갓과 망건 사이에 끼우는 식의 안경이었다.

그리고 이렇게 망건에 끼우는 안경다리도 처음에는 중간에서 한 번 접어야 했다. 이것이 두루미 무릎을 닮아 '학다리안경', '학슬(鶴膝)안경'이라 불렀다고 한다.

안경이 조선에 보급되고 자체 생산됐지만 신식 무기는 제대로 개량되지 못했다는 것은 무엇을 의미할까?

조선은 임진왜란과 병자호란이 지나고 나서 200년간의 평화로운 시대를 맞이했다. 평화는 지난 고통을 잊게 만든다. 임진왜란 이후 화승총을 지속해서 사용했던 조선은 시대의 흐름에 뒤떨어졌던 당시의 상황을 너무나도 잘 보여주고 있다.

19세기는 서양 열강들이 아시아 곳곳을 누비며 개항을 강요하던 때였다. 청나라는 1·2차 아편전쟁(1840~1860)으로 무너지기 시작했고, 일본도 미국에 개항했다(1854). 조선은 '은자의 나라'로 불리며 미지의 국가로 남았다.

이때, 주변국들의 변화를 파악하고 지속적인 변화를 시도했다면 조선의 역사는 어떻게 바뀌었을까?

3. 영화 더 보기 (명당)

영화 〈명당〉(박희곤, 2018)은 집권층의 권력다툼을 명당이란 소재를 통해 바라본 영화다.

2대 천자가 나온다는 명당을 차지하기 위해 지관 박재상(조승우 분)과 권력을 장악하고 있던 장동 김씨 일가의 김좌근 부자. 그리고 흥선군(지성 분)은 싸운다.

영화 '명당'
예고편

〈명당〉 포스터 (박희곤 감독, 2018)
제작사 : ㈜주피터필름   배급사: 메가박스㈜플러스엠

이 영화를 통해 19세기의 세도 가문의 위세, 약화된 왕권 그리고 명당을 통해서라도 권력을 독점하고 싶어 했던 권력자들의 욕망을 보여준다. 영화 속 권력을 장악한 '장동 김씨'는 안동 김씨의 일파다. (서울 장의동에 살았기 때문에 장동 김씨라 불림) 이들은 순조에서 헌종, 철종으로 이어지는 3대 60여 년의 기간 동안 왕권을 뛰어넘는 강력한 힘을 가졌다. 역사에서는 풍양 조씨와 함께 세도정치 가문으로 불린다.

왜 세도정치가 시작되었던 것일까?

1800년, 정조가 갑작스럽게 세상을 떠나고, 어린 순조가 즉위하면서 특정 가문이 권력을 장악하는 세도정치가 시작되었다.

조선 후기의 임금들인 숙종(1674~1720), 경종(1720~1724), 영조(1724~1776), 정조(1776~1800)는 붕당 정치의 폐단을 해결하고자 큰 노력을 기울였다. 왕권을 강화하여 극심했던 붕당의 대립을 최소화하고자 했다. 대표적인 것이 영조와 정조의 '탕평책'이다. 잠시 소기의 목적을 달성하기도 했다. 그러나 탕평책은 왕과 몇몇 측근들에게만 권력이 집중되었다.

영조와 정조는 이 힘을 바탕으로 노련하게 붕당의 갈등을 통제했다. 하지만 어린 순조가 즉위하면서 상황은 달라졌다. 정조가 승하하면서 순조의 장인 김조순에게 순조를 부탁했다. 어린 순조를 보좌했던 김조순의 가문은 자연스럽게 권력을 독점했다.

영화에서 왕을 능가할 정도의 막강한 권력을 휘둘렀던 김좌근(백윤식 분)은 바로 김조순의 아들이었다.

영화에서는 김좌근의 막강한 권력을 여러 곳에서 보여준다. 김좌근에 저항했던 효명세자와 헌종(이원근 분)은 모두 독살당하는 것처럼 나온다. 이것은 김좌근의 강력한 위세를 보여주기 위한 설정이다.

효명세자는 순조의 아들로서 대리청정 중 21세의 나이로 사망했다. 그의 아들 헌종은 조선의 24대 왕으로 즉위하였지만 15년만인 22세에 승하했다. 둘 다 상당히 젊은 나이에 요절했다. 특히 효명세자의 경우 독살설이 나돌기도 했다. 하지만 정확한 근거는 없고 정황적 추측에 불과하다.

영화에서는 헌종은 세자가 있다. 하지만 실제로는 헌종은 후사가 없다. 안동 김씨는 후계자를 찾기 위해 강화도로 사람을 보냈고 농사꾼으로 살고 있었던 원범을 왕으로 세웠다.

그가 바로 세도정치기 마지막 왕이었던 철종 (재위 1849~ 1863) 이다. 철종은 즉위 기간 내내 허수아비 왕으로 살았다.

철종이 후사 없이 죽었기 때문에, 세도 가문은 새로운 왕을 찾아야 했다. 이때, 흥선군이 등장한다.

흥선군(지성 분)은 영화 속 이야기를 이끌어 가는 중요한 인물 중 한 명이다. 그는 장동 김씨의 잔칫집을 돌아다니면서 개처럼 구걸해 궁도령, 상갓집 개라고 멸시받기도 했다. 그러나 이것은 김동인의 소설 『흥선대원군:운현궁의 봄』에 나온 내용을 영화로 각색한 것이다.

그렇다고 흥선군이 큰 세력을 유지했던 것은 아니었다. 기본적으로 조선은 왕족들의 정치 참여를 엄하게 금지했기 때문이다. 왕족으로 산다는 것은 좋은 일만 있지 않았다. 억울하게 역모에 휘말려 누명을 쓰고 희생되는 경우가 많았기 때문이다. 특히 당시는 세도정치 가문이 왕을 능가하는 권력을 휘둘렀던 때다.

영화 속 흥선군은 김병기(김성균 분)와의 싸움에서 이겨 2대 천자가 나올 명당을 차지할 수 있었다. 명당 덕분에 그 아들이 왕으로 즉위하는 것으로 그려진다.

명당은 무엇이기에 가문의 운명까지 바꾸고, 자손들을 왕으로 세울 수 있게 하는 것일까?

명당은 바꿀 수 있는 땅의 기운을 말한다. 실제 조선 시대는 우리가 상상하는 것 이상으로 명당에 대한 집착이 강했다. 소송 대부분도 묘지에 대한 이권 다툼일 정도였다. 흥선군도 명당에 집착했다. 야사에 의하면 흥선군은 지관 정만인의 이야기를 듣고 아버지 남연군의 묫자리를 가야사로 옮겼다. 이 묫자리는 오페르트 도굴사건이 있던 곳이다. 어쨌든 명당을 차지하면 2명의 황제가 나온다는 전설처럼. 흥선군의 둘째 아들이 왕이 된다. 그가 바로 고종이다.

고종은 실제 왕이 될 수 없는 위치였다. 그러나 장동 김씨의 세도정치에 불만을 품고 있었던 풍양 조씨 출신의 조대비는 철종이 후사 없이 죽자, 흥선군과 협력하여 고종을 왕으로 세운다.

이후 우리가 아는 것처럼 세도정치는 끝나고, 흥선군은 흥선대원군이 되어 권력을 장악한다. 통상 수교 거부정책과 왕권 강화정책, 민생안정책을 통해 쇠락한 국가를 일으키고자 노력했다.

영화 〈군도:민란의 시대〉에도 나왔던 삼정의 문란을 해결하고자 환곡을 폐지하고 사창제를 설치하며, 호포제를 통해 백성들의 부담을 분담시키고, 줄이고자 노력했다. 하지만

흥선군은 야심이 매우 큰 인물이었다.

지관 박재상의 울부짖음처럼, 명당의 전설처럼, 조선의 운명은 딱 2명의 황제를 배출하고 끝났다.

아관파천 이후 대한제국을 세우고 스스로 황제가 되었던 고종. 하지만 일제의 압박을 견디지 못하고 후계자 순종과 함께 황제에서 퇴위할 수밖에 없었다. 조선은 결국 1910년 역사의 뒤안길로 사라졌다.

박재상의 말이 떠오른다.

"자식을 왕으로 만들겠다고, 천 년간 국가를 비호하는 사찰을 태워? 자네.. 그들과 다를 수 있어. 지금 자네를 보게. 자네가 정녕 장동 김씨와 다른게 무엇이란 말인가?"[13]

박재상의 말은 예언처럼 들어맞았다. 결국, 흥선대원군도 자신의 욕망을 위해 권력을 장악하고 국가를 운영했다. 백성이나, 국가의 어떠한 비전이 아닌 왕권을 강화하기 위해서 말이다.

영화는 땅을 통한 인간의 욕심이란 끝이 없고 부귀영화도 영원할 수 없다는 사실을 보여준다. 명당을 차지하기 위한 지배층의 치열한 대립은 무엇을 의미하는 것인가. 세상의 문제를 해결하지 못했기 때문에 백성 스스로 해결하고자 했다. 그것이 바로 '임술 농민 봉기'이자 전국적으로 일어난 '민란'의 실체다.

지배층들이 명당자리를 찾아 헤매고 갈등하는 동안 백성들은 삶의 터전을 잃고 새로운 곳을 찾아 헤매야만 했다. 같은 시대, 다른 계급의 모습을 그린 〈군도:민란의 시대〉와 〈명당〉이 연결되는 지점이다.

영화와 현실은 다르다. 영웅 영화의 끝은 권선징악이다. 하지만 현실은 불의가 승리할 때도 있다. 〈군도:민란의 시대〉에서도 마찬가지다. 백성들이 모여 조윤과 탐관오리를 처벌하면서 영화는 통쾌하게 마무리되었다. 하지만 실제 역사는 비참했다. 근본적인 해결책은 없었고 백성들의 삶은 여전했다. 〈명당〉의 결말대로 고종은 왕이 되었다. 그뿐이었

---

13) 출처 : 시나리오 〈명당〉, 박희곤, 메가박스중앙(주)플러스엠

다. 조선은 내부적인 문제를 해결하지 못한 채 일본에 개항을 해야만 했다. 준비 없이 맞이한 근대사회로의 진입은 백성들에게는 또 다른 고통이었다.

결국, 백성들은 다시 일어섰다. 1894년, 동학농민혁명이 일어난 것이다. 동학농민혁명은 어쩌면 조선왕조를 위한 마지막 백성들의 자정 노력이었는지 모르겠다. 그러나 동학농민혁명은 실패로 끝났고, 1910년 조선의 운명도 다했다.

4. 만약에 한국사

영화 〈명당〉을 보고 나면 명당이 가문과 국가의 운명을 결정하는 중요한 변수인 것처럼 보인다. 그렇다면 영화 〈명당〉의 내용을 비틀어서, **세도정치 가문이었던 장동 김씨(안동 김씨)가 명당을 차지했다면 조선의 역사는 어떻게 흘러갔을까?**

만약에 한국사 1. 세도 가문이 명당을 차지했다면?

> 1. 장동 김씨(안동 김씨)가문은 왕이 되었을 것이다.
> 2. 흥선군이 집권하여 세도정치는 끝났을 것이다.

두 가지 가정이 가능하다. 명당을 차지한 장동 김씨 가문이 왕이 되는 것과 역사대로 흥선군이 집권하여 세도정치가 끝나는 것이다. 여러

분들은 어느 가정이 더 현실성이 있다고 생각하는가?

역사적으로 봤을 때, 명당의 진정한 가치는 명분을 얻기에 유효하다는 것이다. 사실 명당을 차지했다고 해서 누구나 왕이 될 수는 없다. 그러나 명당에 얽힌 이야기를 사용하여 왕이 될 수는 있다.

대표적인 경우가 후삼국 시대 호족들이다. 그들은 풍수지리설을 사용하여 권력을 장악하고자 했다. 풍수지리설은 미신일 수 있어도, 세력을 모으는데 큰 명분이 된다. 그리고 19세기처럼 혼란했던 시대일수록 명분은 사람의 마음을 흔드는 힘이 된다.

특히 흥선군과 김좌근 부자가 싸웠던 가야사 일대는 2명의 천자가 나온다는 전설이 담긴 곳이었다. 이곳을 차지한다면 황제가 될 수 있으며, 새로운 왕조를 개창할 수 있다는 명분과 힘을 얻게 된다.

그러나 명분만 가지고 왕이 될 수는 없다. 힘이 필요하다. 김좌근 부자의 힘은 어디서 나온 것일까?

바로 '비변사'였다. '비변사'는 원래 전쟁이 터졌을 때 관료들이 임시로 모였던 정치 기구였다. 그러나 임진왜란과 병자호란을 거치면서 국정의 최고 기관으로 자리를 잡았고 의정부 6조 체제로 구성되었던 조선의 정치 시스템은 무너지고 각 관청의 주요 책임자들이 모두 한자리에 모여서 현안을 논의하는 비변사가 최고 기관이 되었다.

이는 곧 비변사를 장악하는 세력이 조선의 국정 운영권을 쥐게 되는 현상을 뜻한다. 김조순과 그의 후손들로 대표되는 세도정치 가문들이 비변사를 장악했다. 특정 가문의 손에 비변사가 놓이면 왕은 제대로 통제할 수 없었다.

다시 첫 번째 가정으로 돌아가 보자.

명당이라는 명분, 비변사라는 실리를 모두 장악한 세도정치 가문의

김좌근 부자는 새로운 나라를 건국하고 왕이 되었을까?

세도정치의 폐단이라 불리는 삼정의 문란을 해결하지 않고 왕이 되었다면 얼마 후 전국적으로 일어난 농민봉기에 의해 몰락했을 것이다.

핵심은 사회의 부조리를 해소할 수 있는 비전과 정책이다. 고려를 건국한 태조 왕건과 조선의 건국자 태조 이성계의 공통점은 사회적 문제를 개선하며 국가를 개창 했다는 점이다. 왕건은 세금을 1/10로 낮추고, 3년간 세금을 걷지 않기도 했다. 이성계는 과전법을 통해 토지문제를 어느 정도 해결하여, 백성들에게 '쌀을 먹을 수 있도록 해준 사람'이라는 칭송을 받았다.

그러나 세도정치 가문은 이러한 개혁적 정책 없이 왕이 되었을 확률이 높다고 본다. 그 결과는 농민군의 봉기로 인한 사회 혼란을 더욱더 가중 시켰을 것이다.

두 번째 가정이 더 현실적이다. 명당을 차지했다고 해서 개혁 없이 왕이 될 수 없음을 이야기했다. 명당은 충분조건이지 필요조건이 아니다. 사실 영화와 다르게 흥선군은 장동 김씨의 김좌근 집안과 지속적인 교류와 협력을 유지했다. 특히나 철종 13년에 발생한 임술 농민 봉기는 세도정치 가문의 권력의지를 꺾은 사건이었다. 더 이상 국가운영의 대안도 마땅한 후계자도 없었기 때문이다.

이때, 자신들과 협력했던 흥선군의 존재는 세도 가문에게 매력적인 존재였을 것이다. 실제로 흥선군이 권력을 장악한 이후 고종 초기에 장동 김씨 집안은 상당히 중용되었다. 김병학은 영의정, 김병국은 이조판서를 역임했다. 흥선군의 개혁 정치에 상당히 많은 힘을 실어주기도 했다. 영화 속에서는 김좌근을 아들 김병기가 죽이는 것으로 나오지만 사실과 다르다. 김좌근은 1869년(고종 6)에 천수를 누리다 죽었다.

흥선군과 날 선 대립각을 세웠던 김병기도 영화에서는 많이 각색되었다. 김좌근의 친아들이 아니라 양자다. 그는 흥선군과 오랫동안 교류를 해왔었다. 흥선군이 권력을 장악한 이후에도 요직을 두루 역임했다.

즉 흥선군이 권력을 장악한 것은 시대의 변화를 감당할 수 없는 세도 가문 나름의 해결책이었다. 흥선군은 흥선대원군이 되었고, 이들과 함께 개혁을 실천해 나갔다.

만약에 한국사 2. 세도정치를 소재로 한 영화 만들기

이때는 서민 문화가 발달하고 사회경제적인 변화가 많았다. 그래서 이를 소재로 만들어진 영화가 제법 있다. 판소리를 다룬 〈도리화가〉, 대동여지도의 제작 이야기를 담은 〈고산자〉, 천주교 박해를 모티브로 만들어진 스릴러 〈혈의 누〉, 조선 3대 화가 중 한 명인 오원 장승업의 일대기를 그린 〈취화선〉 등이 있다. 이외에도 어떤 영화 소재가 있을까?

> 1. 새로운 세상을 그리다 – 정감록, 비기
> 2. 효명세자의 꿈
> 3. 홍경래의 난 – 새로운 세상을 꿈 꾼 영웅.

당시 조선 사회의 백성들은 힘겨운 삶을 견디면서 세상이 바뀌길 바라는 마음이 간절했다. 그리고 그 소망이 투영된 것이 『정감록』과 각종 비기(예언서)들이다. 『정감록』은 아직까지 누가 언제 작성했는지 알 수 없으나 조선 후기에 가장 유행하던 예언이었다.

이씨 왕조가 무너지고 다음 세상은 정씨 왕조가 들어서며 새로운 나라의 수도는 현재 충청남도 계룡시가 될 것이라는 내용을 담은 예언서다. 왕조 교체의 혼란을 피하기 위한 곳을 10곳 '십승지'에 대한 이야기도 있다. 『정감록』은 새로운 세상을 갈망한 조선인들의 여념이 담긴 예언서였다.

『정감록』과 각종 비기(예언서)는 현재 영화나 드라마로 제작된 적이 없는 만큼, 영화로 제작할 여지가 많다. 개인적으로 기대되는 영화 소재다.

효명세자는 순조의 아들이었으며, 순조를 대신하여 대리청정을 담당했을 정도로 탁월한 능력의 왕세자였다. 하지만 22세의 나이에 요절하였다. 갑작스러운 죽음이었기 때문에 독살설이 따라다니는 인물이다.

당시는 세도정치기였던 만큼 세도정치 가문과 연관된 영화를 제작할 수 있다. 그가 추구했던 개혁 정치는 세도정치 가문들과 맞지 않은 면이 있었기 때문이다. 효명세자를 주제로 한 드라마 〈구르미 그린 달빛〉이 흥행에 성공한 적도 있다.

홍경래의 난(1811)을 주제로 한 영화도 생각해 볼 수 있다. 홍경래는 평안도 출신의 양반이었으나 과거에 실패하면서 조선 사회를 비판하는 인물이 되었다. 그와 함께 반란을 일으킨 사람들의 직업, 계급은 다양하다. 광부, 농민과 같은 하층민부터 상인, 양반까지 아우르고 있다. 다양한 직업, 계급이 참여한 것은 여러 이야기를 엮을 수 있는 소재다. 비록 실패한 반란이었지만 새로운 세상을 꿈꾼 그의 열정은 현재 우리에게도 큰 울림을 준다.

"나는 나와 세상의 변혁을 위해 무엇을 하고 있는가?"

9장

암살
밀정

9장

〈암살〉, 〈밀정〉

100년 전의 독립 투사, 지금은 어디에?

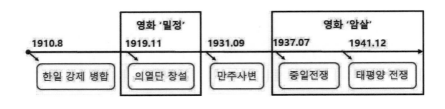

1. 영화 '암살' 알아보기

10명, 딱 10명만 이름을 말해보자.

독립운동가의 이름 10명을 말하다 보면 어느 순간 머뭇거리게 된다. 그리고 발견한다. 독립운동가를 잘 몰랐던 나의 모습을….

"너무 많이 죽었습니다. 최수봉, 나석주 … 사람들한테서 잊혀지겠지요. 미안합니다."[14]

영화 〈암살〉(최동훈, 2015) 속 김원봉의 광복에 대한 소감이었다. 광복의 기쁨보다, 잊힐 슬픔을 되뇌었던 김원봉.

---

14) 출처 : 시나리오 〈암살〉, 쇼박스

영화 '암살'
예고편

〈암살〉 (최동훈, 2015) 포스터
제작 : 케이퍼필름   배급사 : 쇼박스

　영화의 배경은 1933년, 일제 강점기 조선의 경성이다.

　의열단장 김원봉(조승우 분)과 대한민국 임시정부 주석 김구(김홍파 분)는 민족 반역자(친일파) 강인국(이경영 분)과 조선 주둔군 사령관 카와구치 마모루(심철종 분)를 제거하기 위해 암살계획을 세우고 암살단원을 꾸린다.

대한민국 임시정부 경무국 대장 염석진(이정재 분)은 안옥윤(전지현 분), 추상옥(조진웅 분), 황덕삼(최덕문 분)을 거사에 끌어들인다.

하지만 이들은 누군가의 사주를 받은 청부살인업자 하와이 피스톨(하정우 분)과 영감(오달수 분)에 의해 목숨을 위협받는다. 암살계획은 점차 예상치 못한 방향으로 흘러가게 되는데….

영화 〈암살〉은 식민지 조선의 경성(서울)에서 친일파와 일본군 수뇌부 인사를 제거하기 위한 일련의 과정을 담고 있다. 친일파, 변절자(밀정), 독립운동가의 모습은 다양한 조선인들의 군상을 보여준다.

2. 영화 '암살' 엿보기

아시아에서 가장 빨리 근대화를 추진한 일본은 1905년 을사늑약으로 대한제국을 실질적인 보호국으로 만들었다.

영화의 배경이 되는 1933년은 일본의 수탈이 심화하였던 시기였다. 1931년에는 만주를 점령하고, 1937년에는 중국을 침략했다. 일본의 기세는 점차 높아져 갔다. 반면 독립의 희망은 점점 꺼져갔다.

그런데도 독립운동가들은 왜 목숨을 바쳤던 것일까? 그들에게 독립은 어떤 의미였을까?

영화 엿보기 1. 의열단, 정의(正義)를 맹렬(猛烈)하게!

영화 엿보기 2. 그녀들이 총을 든 이유

영화 엿보기 3. 나는 끌려온 '친일파'입니다.

영화 엿보기 1. 의열단, 정의(正義)를 맹렬(猛烈)하게!

1911년, 밀양공립보통학교가 발칵 뒤집히는 사건이 발생했다. 일본 천황의 생일을 축하하는 천장절 행사에 사용되는 일장기가 훼손되어 화장실에 버려졌기 때문이다. 주범은 어린 학생이었다. 그 어린 학생이 22살에 의열단을 창단한 김원봉이다.

1940년대 선무공작 영상에 등장하는 김원봉의 모습

김원봉은 1919년 11월 만주에서 암살과 파괴, 폭파 등의 방법으로 일제의 식민 지배통치를 타도하기 위해 뜻을 모은 12명과 함께 의열단을 조직했다.

그는 신흥무관학교 출신이었다. 〈암살〉 속 속사포 추상옥은 신흥무관학교 마지막 졸업생이었다. 그가 추천받았던 이유는 김원봉 때문은 아니었을까? 실제 의열단이 결성될 때 신흥무관학교 출신은 무려 8명이나 되었다.

의열단의 목표는 명확했다. 5파괴(조선총독부, 동양척식회사, 각지의 경찰서, 매일신보사, 기타 식민통치기관) 7가살(조선 총독, 총독부 고관, 적의 밀정, 대만 총독, 친일파 거두, 매국노, 일본군부 고위인사)의 목표 아래 일제의 식민통치 기관 파괴, 식민통치 요인과 친일파 처단에 주력한 것이다.

의열단은 그 이름처럼 맹렬하게 독립활동을 전개했다. 최초로 성공한 활동은 1920년 9월 14일 박재혁 의사의 부산경찰서 폭탄 투척의거였다. 부산 경찰서장 하시모토가 고문서에 관심이 많다는 정보를 입수한 그는 서장과의 면담 자리에서 고문서를 꺼내는 척하면서 폭탄을 꺼내 들어 터뜨렸다. 이 의거로 일본인 경찰 2명이 즉사하고 하시모토는 병원으로 이송 중에 사망하였으며 의사 본인도 중상을 입고 투옥되었으나 옥중에서 단식으로 순국하였다.

1921년 9월 21일, 왜성대 조선총독부 폭탄 의거도 빼놓을 수 없다. 일본어에 능통했던 김익상 의사는 중국에서 의열단에 가입하고 열차를 타고 국내로 입국하였다. 일본인으로 위장하여 옆자리의 일본 여인과 부부연기를 하면서 자연스럽게 검문을 피했다. 이후 전기수리공으로 위장하여 총독부로 들어가는 데 성공하였지만 아쉽게도 첫 번째 폭탄은 불발하였다.

두 번째로 던진 폭탄은 성공했다. 김익상 의사는 태연하게 총독부 건물을 빠져나와서 중국으로 돌아갔다. 사상자는 거의 없었으나 식민통치의 핵심기관인 총독부에 폭탄이 투척되었다는 사실은 일본에 큰 충격이었다. 심지어 누가 범인인지도 몰라 전전긍긍하며 시간을 보냈다. 얼마나 두려웠을까? 그들은 언제 폭탄이 날아와 터질지 모르는 심정으로 살아야 했다.

그리고 6개월 뒤인 1922년 3월 28일에는 상해 황포탄 부두에서 일본 육군 대장 다나카 기이치 암살 기도 사건이 일어났다. 김익상 의사와 함께 이종암 의사, 오성륜 등이 주도했다. 그러나 작전은 실패했다. 폭탄이 불발되고 실탄이 빗나갔기 때문이다. 그리고 김익상 의사는 도주 중에 체포되었다. 조사 후 그가 총독부에 폭탄을 투척한 인물임이 밝혀졌다.

1923년 1월 12일에는 김상옥 의사의 종로경찰서 투탄 의거가 있었으며, 1926년 12월 28일에는 나석주 의사의 식산은행 투탄과 동양척식회사 투탄 의거가 있었다. 조선인들의 피를 빨아먹는 기관으로 악명 높았던 식산은행을 목표로 삼고 폭탄을 던졌으나 불발했다. 하지만 나석주 의사는 침착했다. 재빨리 동양척식회사로 들어가서 직원들을 향해 권총을 난사해서 여러 명을 쓰러뜨리고 폭탄을 던졌다. 그러나 이 폭탄도 터지지 않았다. 경찰들이 나석주 의사를 포위했다.

"나는 조국의 자유를 위해 투쟁했다. 2천만 민중아, 분투하여 쉬지 말라!"

총격전 중에도 나석주 의사는 독립운동의 의지를 불태우며 끝까지 싸우다 자살하였다.

의열단은 일본 경찰에게 두려움이자 공포의 대상이었다. 의열단이 노린 곳은 모두 식민지 통치의 핵심 기구들이자 조선인들을 수탈했던 기관들이었다. 억눌려있던 식민지 조선인들에게 의열단의 맹렬한 활동은 큰 희망이자 삶의 용기였다.

의열단의 활동은 민중의 각성을 위함이었다. 각성한 민중은 점차 대폭동, 더 나아가 혁명을 통해 독립할 수 있다고 믿었기 때문이다. 민중에 대한 절대적인 신뢰가 없으면 목숨을 건 의거 활동도 없었을 것이다.

이런 의열단의 신념은 1923년 신채호가 작성한 「조선혁명선언」에 명확하게 제시되어 있다.

민중은 우리 혁명의 대본영(大本營)이다. 폭력은 우리 혁명의 유일 무기이다. 우리는 민중 속에 가서 민중과 손을 잡고 끊임없는 폭력·암살·파괴·폭동으로써, 강도 일본의 통치를 타도하고, 우리 생활에 불합리한 일체 제도를 개조하여, 인류로서 인류를 압박치 못하며, 사회로써 사회를 수탈하지 못하는 이상적 조선을 건설할지니라.

「조선혁명선언」

의열단의 신념은 많은 청년의 가슴을 뜨겁게 만들었다. 순식간에 단원이 200여 명으로 늘어날 정도였다. 앞서 살펴본 박재혁, 김익상, 김상옥, 나석주 등의 의거는 의열단이 얼마나 충실하게 독립운동을 전개하고자 했는지를 잘 보여준다. 하지만 의열단의 의거 활동은 대부분 성공하지 못했다. 밀정과 수준 낮은 폭탄 때문이었다.

새로운 방향이 필요했다. 김원봉과 간부들은 1925년에 투쟁 노선의 변화를 결정한다. 실질적인 무장투쟁을 통해 일본을 무너뜨리는 것이었다. 변화된 노선에 따라 김원봉을 비롯한 간부들은 황포군관학교에 입학하여 군사 훈련을 받기 시작했다.

나석주의사가 폭탄을 던진
조선식산은행

나석주의사

▼김상옥의사가 폭탄을
던진 종로 경찰서

의열단의 젊은 청년들은 자신의 목숨을 바쳤다. (출처:독립기념관)

1931년, 만주사변이 발생하자 김원봉은 중국 국민당의 지원으로 조선 혁명 간부학교를 설립하여 4년간 125명의 졸업생을 배출했다. 독립운동을 위한 새로운 인적기반을 마련할 수 있게 된 것이다. 그리고 중국 관내 민족운동 단체들 통합을 추구했다.

1935년, 의열단은 '민족혁명당' 창당에 참여했다. 이후 의열단의 주요 인사들은 1938년에 창설한 '조선의용대' 중심세력이 되었고, 1941년에는 대한민국 임시정부에 합류하여 해방될 때까지 적극적으로 항일운동에 투신하였다.

1945년, 광복은 영화 속 김원봉의 예언처럼 기쁨만 가득한 날들이 아니었다. 독립운동가들은 잊혀졌다. 김원봉의 활약과 의열단원의 이름은 역사에서 사라졌다.

1947년 3월, 좌익 혐의를 받은 김원봉은 친일 경찰 출신의 노덕술에게 고문을 받았다. 김원봉은 며칠간을 울었다. 해방된 조국에서 친일 경찰에게 받은 고문은 마음의 상처로 남았다. 그는 월북하였으나 김일성에게 숙청당하였다.

남북한 모두에서 김원봉은 외면당했다. 그리고 잊혀졌다.

현재, 우리가 해줄 수 있는 것은 김원봉과 의열단을 기약하는 것뿐이다. **영화 〈암살〉은 어쩌면 김원봉과 잊힌 독립군들에게 보내는 추모의 메시지일지도 모르겠다.**

영화 엿보기 2. 그녀들이 총을 든 이유

영화 〈암살〉의 암살 작전 대장, 안옥윤은 한국 독립군 저격수다. 그녀는 암살을 주도하며, 임무를 완수한다.

안옥윤의 이름은 안중근, 윤봉길, 김상옥 의사의 이름을 한 글자씩

따서 만들어진 가상의 인물이다.

그러나 그녀의 모티브가 된 여성 독립운동가가 있다. 바로 남자현 의사다(1872~1933).

그녀는 1872년 안동에서 전통적인 유생 집안의 딸로 태어나 열 아홉 살에 김영주와 혼인하였다.

1894년 을미의병(1894년의 명성황후 시해 사건으로 분노한 유림들이 일으킨 의병)이 일어났다. 남편은 의병에 참여했으나 전사하였다. 홀몸이 된 그녀는 아들을 키우며 시부모를 봉양했다.

1905년 을사늑약이 강제 체결되자 부친이 의병에 참여했다.

시대의 부름에 그녀는 응답했다. 부친을 도와 일본군의 정보를 탐색하며 독립운동가로서 새로운 삶을 살게 된 것이다.

그녀에게는 3.1운동이 분기점이었다. 그녀는 독립이 적극적인 투쟁으로만 가능하다고 판단하고 아들을 데리고 중국으로 망명하였다. 아들 김성삼을 신흥무관학교에 입학시켰고 본인은 독립군 뒷바라지를 했다. 그리고 독립운동을 위해 자신이 할 수 있는 것을 계속해서 찾았다.

때가 왔다. 대한제국 마지막 황제 순종이 승하한 것이다. 순종이 승하하자 조선 3대 총독 사이토 마코토는 순종을 조문하러 온다는 소문이 나돌았다. 그녀는 결심했다. 총을 들고 창덕궁 근처에 잠입한 것이다.

이때, 같은 의도로 접근한 독립운동가 한 명이 있었다. 바로 송학선 의사였다. 그러나 송학선 의사의 계획이 탄로 나면서 그녀의 작전은 어그러졌다. 총독 경호가 강화되자 그녀는 할 수 없이 암살을 진행하지 못하고 철수할 수 밖에 없었다.

남자현 의사는 암살계획 실패 이후에도 독립운동을 꾸준히 이어나갔다. 1931년 일제가 일으킨 만주사변이 국제문제로 비화되자 국제연맹에서 '리튼 조사단'을 만주에 파견했다.

그녀는 손가락 두 마디를 잘라서 혈서를 쓰고 그 혈서와 함께 자른 손가락을 리튼 조사단에 보냈다. 일제의 침략야욕을 폭로하기 위함이었다.

1933년, 다시 그녀에게 암살의 기회가 찾아왔다. 일본이 세운 괴뢰국 만주국에 관동군사령관 겸 전권대사 무토 노부요시 육군대장이 신경(만주국의 수도, 현재 중국의 장춘)에 온다는 것이었다. 남자현 의사는 사전에 접촉한 중국인으로부터 권총과 폭탄을 입수하고 신경으로 향했다.

그러나 거기까지였다. 밀정을 통해 이미 정보를 수집했던 일본 경찰이 그녀를 체포했기 때문이다

61세의 나이였다. 그녀는 하얼빈 주재 일본영사관 감옥으로 이송되어 혹독한 고문을 받고 단식투쟁에 돌입하였다. 병보석으로 풀려나긴 했지만 풀려난 지 5일 뒤인 1933년 8월 22일 여관에서 순국하였다. **임종 당시 아들에게 유산으로 249원 50전을 남겨주었는데 이 중 200원은 나라를 되찾는 날 독립축하금으로 기부할 것을 당부하였다.** 외아들 김성삼은 그 유언을 지켜 1946년 3.1 운동 기념식 날에 200원을 기부하였다. 남자현 의사는 다음과 같은 유언을 남겼다.

"사람이 죽고 사는 것은 먹는 데 있는 것이 아니고 정신에 있다. 독립은 정신으로 이루어지느니라."

독립운동이 남자들의 전유물이 아님을 보여준 남자현(좌)와 박차정(우)

박차정(1910~1944) 의사는 영화 속 안옥윤처럼 실제 총과 폭탄을 들고 무장투쟁에 참여했던 독립운동가이다.

그녀는 1927년에 결성된 근우회(민족주의 여성단체들과 공산주의 여성단체들이 통합하여 결성된 단체로 신민회의 자매단체이다.)에 참가하여 전국적인 민족, 여성운동에 참여하였다. 그러나 일제의 탄압으로 1930년 '근우회 사건'(광주학생항일운동에 이어 11개 여학교에서 동조 시위를 일으킨 사건)이 발생하면서 체포되었다. 이후 혹독한 고문을 받았다.

작은 오빠 박문호의 권유로 1930년 2월 중국으로 망명하였고 여기서 의열단장 김원봉을 만나 1931년 3월 결혼식을 올렸다. 독립운동가 부부가 탄생한 것이다. 1935년 민족혁명당이 결성되면서 핵심당원으로 활약했으며, 조선의용대부녀복무단의 단장직을 맡았다. 그녀와 김원봉

모두 행복했을 시절이다.

그러나 1939년 2월 중국 강소성 곤륜산에서 일본군과 격전을 치르던 중 일본군의 총탄에 맞아 순국했다. 34살의 나이였다. 해방 후 김원봉은 의사의 유해를 수습하여 경남 밀양에 안장하였다고 한다. 그녀는 사회주의 계열에서 활동했다는 이유로 한동안 서훈도 수여되지 않았으나 1995년 광복 50주년에 건국훈장 독립장이 추서되었다.

이 두 분의 의사 외에도 많은 여성 독립운동가들이 있다. 2.8 독립선언에 가담했고 대한애국부인회를 조직하여 임시정부에 군자금을 대며 일생을 바쳤던 김마리아, 수원 기생으로서 독립 만세를 외쳤던 김향화, 중국 대륙에서 독립운동을 했던 여성 광복군 오광심 등. **우리는 그동안 너무 많은 여성 독립운동가들을 잊고 있었던 것은 아닐까?**

영화 엿보기 3. 나는 끌려온 '친일파'입니다.

영화 〈암살〉 속 여러 유형의 친일파가 등장한다. 강인국은 전형적인 친일파다. 염석진은 한 때는 친일파였다. 그들이 친일한 가장 큰 목적은 개인의 영달과 안위였다.

역사는 개인의 의지로 대표되는 씨줄과 시대적 상황의 날줄이 만나 이뤄진 이야기다. 강인국과 염석진 모두 자신 인생의 씨줄과 날줄을 활용해 친일파가 되었다. 당연히 역사의 처벌이 필요하다. 우리가 친일파를 기억해야 하는 이유다.

그런데, 자신의 의도와 상관없이 친일파가 된 사람들이 있다. 그들은 조선의 '가미카제 특공대'였다.

1941년 12월 일본은 선전포고도 없이 기습적으로 미국의 진주만을 공격하여 태평양 전쟁을 일으켰다. 미국의 반격으로 전황이 악화하자 일본은 '가미카제 특공대'를 출격시켰다. 항공기에 폭탄을 가득 싣고 미국의 군함에 그대로 들이받는 자폭공격을 수행하는 일종의 자살부대 이다.

이 '가미카제 특공대'에 소수의 조선인이 포함되어 있었다. 그들은 왜 '가미카제 특공대'가 되었던 것일까?

조선인 청년 '탁경현'의 삶은 조선인 '가미카제 특공대'의 이면을 잘 보여준다.

조선인 가미카제
특공대원 탁경현

탁경현은 가난한 집안 형편 탓에 일본으로 이주하였다. 아버지는 생 선가게를 운영하고 있었는데 일본 순사가 찾아와서 아들을 군에 입대 시키지 않으면 장사를 하지 못하게 하겠다고 자주 협박했다고 한다.

결국, 탁경현은 가족을 위해서 1943년 10월 육군 특별조종수습 사관에 '지원'하여 일본 육군항공대에 입대하였다. 탁경현은 울면서 입대하였다고 한다.

그는 가고시마의 치란에 위치한 항공대에서 훈련을 받은 후 1945년 5월 11일 새벽 '특공'공격의 임무를 받고 오키나와 전투에 참가했다. 9시 15분경 무선 통신이 끊긴 것으로 봐서 전사한 것으로 추정된다.

가미카제 특공대가 주둔해 있었던 가고시마의 치란에는 현재 '치란 특공평화회관'이 자리 잡고 있다. 이곳에서는 특공대원들의 사진과 출격했었던 기체, 대원들의 사진과 유품들이 있다.

그곳에서 탁경현의 흔적을 발견할 수 있다. 대신 그의 이름은 탁경현이 아닌 '미쓰야마 후미히로'다.

'가미카제 특공대'로 전사한 인원은 4천 명이 조금 안 되는 것으로 알려져 있다. 이중 확인된 조선인은 고작 18명이 전부다. 그리고 그들 대부분은 학도병이나 지원병으로 구성되었다. 대부분 20대 중반의 나이, 심지어 10대 후반도 있었다. 실력을 기준으로 뽑은 정예부대가 아닌 자살을 목적으로 창설된 부대의 '시한부 인생'들이었다.

탁경현은 죽어서도 편안하지 못할 것이다. 그는 조선인 '가미카제 특공대' 최정근(24세), 한정실(20세), 이윤범(23세), 박동훈(17세), 노용우(23세), 김상필(25세)과 함께 야스쿠니 신사에 '군신(軍神)'이라는 명목으로 합사되어 있다. 일본 천황을 위해 목숨을 바친 '공로'를 인정받아서였다.

야스쿠니 신사는 일본의 전범들을 추모하고 그 위패를 모시는 곳이다. 그리고 탁경현은 야스쿠니 신사에 부속된 박물관인 '유슈칸'에 A급 전범인 '도조 히데키'와 나란히 그 사진이 걸려있다. 그곳에서 그는 조선인임에도 불구하고 일본에 적극적으로 협력했고 천황을 위해 목숨을 바친 '군신'으로 모셔지고 있다. 이들의 영혼이 이 광경을 봤다면 무슨 말을 했을까?

2008년에는 탁경현의 고향인 경상남도 사천시에 그의 귀향기원비가 세워지려 했다. 그러나 사천 시민들의 거센 반발로 취소되는 일도 있었다. 시민들은 가미카제 특공대원으로서 일본의 침략전쟁에 참전했던 그를 받아들이지 않았다. 결국 기원비는 경기도 용인의 한 사찰로 옮겨졌다.

그를 비롯한 몇몇 특공대원들은 2009년에 발간된 『친일인명사전』에도 등재가 보류되어 있다. **한편에서 보면 침략국의 군인이 되었던 가해자이지만 다른 측면에서 보면 그는 전쟁에 강제 동원된 희생자이기 때문이다. 그리고 우리 사회는 이렇게 양면적인 입장에 놓여 있는 사람들을 바라보는 시각을 아직도 정립하지 못하고 있다.**

해방된 지 70년이 훌쩍 넘었지만, 우리 사회는 아직 식민지배의 그림자를 완전히 거둬내지 못했다. 그사이 일본은 역사를 왜곡하여 세계의 유산으로 홍보하고 있다.

일본은 가미카제 특공대원들의 유서를 유네스코 세계 기록유산 등재를 시도한 것이다. 일본의 이러한 행동은 역사적 반성을 전혀 하지 않고 있음을 보여준다. 반성 없는 역사는 모두의 마음에 상처만 남길 뿐이다. 본인의 의사와 상관없이 자살을 강요당해야 했던 식민지 조선인들의 삶은 역사의 비극이다.

역사의 씨줄에 걸려 '친일파'가 된 탁경현. 그의 삶을 우리는 어떻게 바라보고 평가해야 할까?

친일파 청산은 아직도 진행형이다. 탁경현의 사례는 친일파의 범위를 설정하기도 쉽지 않다는 것을 보여준다. 그럼에도 불구하고 끌려갔던 이들의 삶을 다시 살펴보고 기억하는 것은 필요하다.

3. 영화 더 보기 (밀정)

영화 '밀정'
예고편

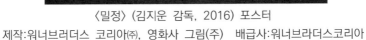
〈밀정〉 (김지운 감독, 2016) 포스터
제작:워너브러더스 코리아㈜, 영화사 그림(주)   배급사:워너브라더스코리아

〈밀정〉(김지운, 2016)은 의열단을 소재로 본격적으로 다룬 영화다. 〈암살〉을 통해서는 그동안 잊고 있었던 의열단과 김원봉의 존재가 드러났다면, 〈밀정〉은 의열단의 본격적인 활동과 밀정에 대해 다루고 있다.

일제 강점기는 우리 역사상 가장 암울한 시대였다. 그리고 혼란의 시대였다. 자신 앞에 놓여있는 선택은 제각각이었다. 어떤 이는 독립운동가, 친일파, 변절자로 살았다.

영화 〈밀정〉은 각기 다른 선택을 한 사람들의 고뇌와 삶을 의열단의 활동과 함께 긴박감 있게 그려냈다.

영화 더 보기 1. 누구의 '밀정'인가?

영화 〈밀정〉은 두 명의 인물 축을 중심으로 진행된다. 한 명은 의열단원 김우진(공유 분)이고 다른 한 명은 일본 경부 이정출(송강호 분)이다. 식민지 조선에서 양극단을 살았던 사람들이다. 그런데 이 둘은 중국에서 경성으로 폭탄을 밀반입하기 위해 힘을 합친다. 그러나 사실 이정출은 의열단을 조사하기 위해 일본이 파견한 '밀정'이었다. 서로의 목적을 의심하며, 경성행 열차는 출발한다. 기차 속에서 일본 경찰과 의열단의 숨 막히는 교란 작전은 영화의 몰입도를 높인다.

영화는 1923년 '황옥 경부 폭탄 사건'을 모티브로 제작되었다. 영화 속 김우진은 실존 인물 김시현이며, 이정출은 실존 인물 황옥이다. 이 둘은 의형제를 맺을 정도로 친했다고 한다. 영화에 나온 것처럼 김시현은 경기도 경찰부 고등경찰과 경부였던 황옥 경부를 이 작전에 끌어들였다.

　의열단장 김원봉은 황옥(1885~?)을 만나본 후 충분히 신뢰할 수 있다고 여겨 작전을 진행하였다. 황옥이 가지고 있던 경부라는 직함은 실제로 의열단원들이 폭탄을 반입시키는데 가장 큰 방해요소인 검문을 손쉽게 통과할 수 있는 위력을 갖고 있었기 때문이다.

　하지만 경성까지 도착한 황옥을 포함한 의열단원 18명은 일본 경찰에 체포되었다. 이미 평안북도 경찰부에서는 의열단원이 숨겨놓은 폭탄을 찾았고, 일본 경찰 측에서 황옥의 동태를 계속 감시했기 때문이다.

　재판에서 황옥은 의열단을 일망타진하기 위해 잠입했다고 진술한다. 더 나아가 경찰이 자신을 의열단원과 같은 취급을 한다며 울분을 토한다. 같이 재판정에 섰던 의열단원들은 이러한 황옥의 행태에 몹시 분개했다.

　황옥은 사건의 주모자인 김시현과 함께 10년형을 선고받았지만 2년 후 1925년 임시 출옥되었다가 1928년 재수감되었다가 1929년에 또다시 임시 출옥되었다. 이것만 보면 황옥은 일본 경찰의 '밀정'이 맞아 보인다.

　그러나 광복 후 김원봉의 행적이 이상하다. 김원봉은 황옥을 만나 의열단원으로 대했다. 또 황옥은 반민족특별위원회에 친일 경찰 김태석을 고발하기도 했다.

황옥의 진짜 정체는 무엇이었을까?

두 가지 상반된 내용은 황옥이 누구의 '밀정'이었는지 궁금하게 한다.

어쩌면 황옥은 일제 강점기라는 시대 속 정체성을 고민했던 조선인의 자화상일지도 모르겠다. 실제로 황옥처럼 '밀정'으로 의심받은 조선인 경찰들이 많았다고 한다. 반대로 일본에 충성을 보여주기 위해 조선인이면서 경찰이었던 이들은 밀정이 되어 의열단과 독립운동단체를 괴롭히기도 했다. 앞서 말한 김태석이 대표적이다.

과연 황옥은 일본 경찰의 신분으로써 의열단을 도우려고 했던 숨겨진 독립운동가였을까? 아니면 의열단에 잠입한 일본 경찰이었을까?

영화 더 보기 2. 1923년, 경성을 뒤흔들다

영화 〈밀정〉은 각자의 위치에서 다양한 의열 활동을 주도했던 의열 단원들의 모습을 보여준다. 대표적인 인물이 영화 속 김장옥(박희순 분)이다. 김장옥은 일본 경찰 수십 명과 총격전을 벌인 끝에 최후의 순간에 자결한다. 이 사건은 실제 있었던 김상옥 의사의 의거 내용을 모티브로 한 것이다.

1923년 경성을 뒤흔들었던 의열단원 김상옥 의사

1923년 1월 12일 밤 8시, 종로경찰서에 폭탄이 떨어졌다. 이 폭탄을 던진 이가 바로 김상옥 의사다. 그의 원래 목표는 사이토 총독이었다. 그러나 계획대로 되지 않자, 종로경찰서에 폭탄을 던진 것이다.

이후의 행적 자체가 영화다. 그는 도망가지 않고 사이토 총독을 다시 노렸다. 하지만 밀정 때문에 발각되었다. 14명의 경찰이 에워쌌으나 뛰어난 사격 솜씨로 탈출하였다.

일본 경찰은 발칵 뒤집혀 졌다. 김상옥 의사는 허를 찔러 다시 서울에 잠입하여 사이토 총독을 노렸다. 그러나 사냥개까지 동원한 일본 경찰에 발각되어 1000대 1의 추격전이 벌어졌다.(400명이라는 설도 있음) 그는 끝까지 싸웠다. 수십 명의 일본 경찰을 부상 입히거나 죽이고 하늘을 바라보며 외친 후 자살하였다.

"대한 독립 만세"

4. 만약에 한국사

의열단이 다양한 활동을 할 때, 대한민국 임시정부는 무엇을 하고 있었을까?

대한민국 임시정부는 1919년 상하이의 임시정부를 시작으로 한다. 이후 일본이 중국을 침략하면서 항저우 → 진장 → 창사 → 광저우 → 류저우 → 치장 → 충칭으로 이동하였다. 국민대표회의 이후 위세가 꺾이기도 했다. 하지만 김구를 중심으로 한 한인 애국단 활동으로 중국 국민당 정부의 지원을 받을 수 있었다.

독립운동단체의 구심점으로 거듭나면서 김원봉도 합류하였다. 세력이 커지자 대한민국 임시정부는 독자적인 군대였던 한국광복군을 만들었다. 미국과 연합하여 국내 진공 작전(독수리 작전)을 수립하기도 했다.

그러나 이 작전이 시행되기 전, 일본은 미국에 항복했다. 작전은 취소되었고, 대한민국 임시정부의 앞날도 어두워졌다. 만약 대한민국 임시정부의 국내 진공 작전이 성공했다면 역사는 어떻게 흘러갔을까?

만약에 한국사 1. 국내 진공작전이 성공했다면?

대한민국 임시정부의 주석이었던 김구는 자신의 자서전에서 일본이 항복하였다는 소식을 듣고 좌절했다.

"아! 왜적의 항복! 이것은 내게 기쁜 일이었다기보다는 하늘이 무너지는 듯한 소식이었다."

국내 진공 작전(독수리 작전)의 목표가 바로 전쟁 후 강대국에 휘둘리지 않는 한국인들의 정부를 세우겠다는 것이었기 때문이다. 하지만 일본이 예상보다 빠르게 항복하자 그동안 세워놓은 작전이 다 허사가 되었다.

김구는 광복 후 정부를 세우는 일이 쉽지 않게 됨을 알았다. 예측대로 한반도는 미국과 소련의 입맛에 맞게 남북에 서로 다른 정부가 들어섰다. 그 결과 한국전쟁의 비극이 발생했다.

만약에 임시정부의 계획대로 광복군의 독수리 작전이 성공했다면 어떤 일이 벌어졌을까?

> 1. 단기적으로는 공식 정부로 인정받았을 것이다.
> 2. 장기적으로는 친일 청산과 민주주의가 확산되었을 것이다.

단기적으로는 대한민국 임시정부가 국내의 혼란을 정리하고 정식 정부가 되었을 것이다. 2차 세계 대전의 공을 인정받을 수 있었기 때문이다.

국내 진공 작전(독수리 작전)에 투입될 병사들은 70명 정도였다. 일본이 전쟁 말기에 미국의 상륙을 대비하면서 한반도에 배치한 병사가 수십만 명에 가깝다는 것을 생각하면 말 그대로 계란으로 바위치기라 할 수 있다.

하지만 임시정부의 계획은 광복군이 서울이나 한반도를 탈환하는 것이 아니라 전쟁 후에 임시정부도 당당한 참전국으로 인정받고자 하는 것이다. 이미 인도·미얀마 전선에서 영국군과 협력하여 '인면전구공작대'라는 이름으로 소수의 광복군이 파견된 적이 있었다. 더 확실하게 참전국으로 인정받으려면 실제 전투에 나서야 했다. 그래서 미국과 협력하여 한반도로 광복군을 투입하려는 작전을 세웠다.

계획대로만 되었다면 광복군은 한반도에서 일본군과 교전했을 것이다. 승패의 여부와 상관없이 대한민국 임시정부는 발언권을 가지게 되었을 것이다. 당시 중국 국민당을 이끌었던 장제스는 대한민국 임시정부와 김구에 상당히 호의적이었다. 국제적인 여론과 지지를 실어줬을 확률이 높다.

당시 식민지 내 여론도 대한민국 임시정부에 호의적이었다. 많은 독립운동가는 대한민국 임시정부를 지지했으며, 국민도 대한민국 임시정부의 존재를 알고 있었다.

그러나 결국 대한민국 임시정부는 인정받지 못했다. 작전은 실행되지도 않았고, 참전국으로서 대우받지 못했기 때문이다.

미국은 개인 자격으로 김구를 비롯한 대한민국 임시정부 인사들의 입국을 허락했다. 그렇게 대한민국 임시정부의 계획은 틀어졌다.

이후 미국과 소련은 신탁통치를 두고 갈등했다. 국내는 좌우의 갈등으로 소란스러웠으며 분열되었다. 분단은 현실이 되었다. 그 결과는 친일 청산 실패와 한국전쟁, 독재정권이었다.

대한민국 임시정부는 1941년 11월, 조소앙의 3균주의를 바탕으로 건국강령을 선포했다. 이 건국강령은 대한민국 임시정부의 방향성을 잘 보여준다. 좌우익을 통합했던 경험이 반영되어 있기 때문이다. 이 건국강령이 그대로 시행되었다면 좌우의 혼란은 크지 않았을 것이다.

대한민국 임시정부의 가장 큰 힘은 좌우를 아우를 수 있는 경험과 지도력, 정통성이었다. 하지만 미군과 소련에 의해 남북이 분단되고, 대한민국 임시정부가 인정받지 못하면서, 역사의 수레바퀴는 전쟁과 갈등, 독재로 향하기 시작했다.

실패로 끝났던 친일파 청산도 제대로 진행되었을 것이며, 한국전쟁도 일어나지 않았을 것이다. 한국전쟁 이후 강화된 독재정치와 민주주의 탄압은 우리 역사 속에 없었던 일이 될 수도 있었다. 그러나 이러한 모든 희망은 물거품이 되었다.

만약에 한국사 2. 독립운동을 소재로 한 영화 만들기

> 1. 한인 애국단 – 이봉창
> 2. 청산리 대첩
> 3. 나라 잃은 설움 – 고려인의 삶, 자유시 참변
> 4. 2차 세계대전의 참전용사 – 인면전구공작대

첫 번째는 한인 애국단을 영화로 제작해 보는 것이다. 이봉창과 윤봉길로 대표되는 한인 애국단은 우리 의열 투쟁 역사상 성공적인 사례로 남아 있다. 특히 '왜 영감'으로 불렸던 이봉창의 극적인 한인 애국단 참여와 의거 활동은 영화의 소재로 충분하다. 일본인으로 살고자 스스로 기노시타 쇼조라는 이름으로 바꿨던 조선인 이봉창. 그의 삶은 정체성의 혼란을 겪은 조선인을 대변한다.

두 번째는 기존에 개봉된 영화 〈봉오동 전투〉의 후속작으로 청산리 대첩을 영화로 만들어 보는 것이다. 청산리 대첩은 봉오동 전투와 이어진다. 김좌진 장군의 활약과 여러 독립운동 단체의 참여, 단결, 극적인 승리는 영화의 소재가 되기 충분하다.

세 번째는 청산리 대첩 이후의 비극을 다룰 수 있다.

청산리 전투 이후 일제는 더욱 강경하게 독립군을 토벌하고 간도 지역에 거주하는 한국인들을 무차별로 학살했다. 만주와 간도의 독립군들은 거세지는 일본의 공격을 피해 소련의 영토로 들어가기로 한다.

당시 소련은 사회주의 혁명으로 혼란했다. 그들 또한 무장한 독립군의 힘이 필요했다. 소련령인 자유시(스보보드니)로 이동한 독립군 부대

는 사회주의자들의 갈등에 휘말렸고, 내분이 발생했다. 독립군들은 내분으로 수천 명이 죽거나 만주로 돌아가야 했다.

연해주에 살았던 조선인들의 삶은 어떠했을까?

그들은 스탈린의 강제 이주정책에 의해 중앙아시아로 가게 되었다. 이때, 봉오동 전투의 주역이었던 홍범도 장군도 같이 끌려갔다. 이들은 고려인라고 한다. 고려인들의 삶을 다뤄보면 어떨까?

마지막으로 인면전구공작대를 다뤄봐도 좋을 것이다. 영국이 담당하고 있는 인도·미얀마 전선으로 파견된 한국광복군 의 부대였다. 잘 알려지지 않았지만, 이들의 활약은 영국에서도 인정할 정도였다. 잘 알려지지 않았던 이들의 이야기는 항상 새롭다. 그리고 새로움은 감동을 준다.

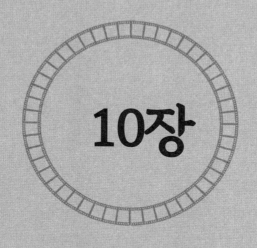

10장

아이 캔 스피크

군함도

10장

〈아이 캔 스피크〉, 〈군함도〉

말할 수 없는 고통, 말할 수 있는 용기

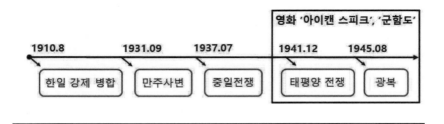

1. 영화 '아이 캔 스피크' 알아보기

변화(變化)의 변(變)은 '말 이을' 련(絲)과 '때리다' 복(攵)이 합쳐진 글자라고 한다. 변화는 '같은 말을 계속 반복하며 때려야' 가능하다는 의미를 담고 있다.

역사의 인식 '변화'가 필요한 나라가 있다. 바로 일본이다. 일본은 근대사를 성장의 역사로 인식한다. 하지만 이웃 나라의 근대사는 상처의 역사다. 서로 다른 역사 인식은 일본과 이웃 나라를 멀어지게 만드는 원인이다.

영화 '아이 캔 스피크' 예고편

〈아이 캔 스피크〉 (김현석 감독, 2017) 포스터
제작사 : (주)영화사 시선, 명필름, 에스크로드
배급사 : 롯데엔터테인먼트, 리틀빅 픽처스

　　영화 〈아이 캔 스피크〉는 생존 일본군 '위안부' 할머니를 통해 이 문제에 접근하고 있다. 이 영화의 새로움은 무거운 주제를 경쾌하게 진행하여 점차 진지하게 생각해 보게 만들었다는 것이다.

　　불의를 보면 참지 못하고 민원을 넣는 민원왕 옥분 할머니(나문희 분)는 공무원 민재(이제훈 분)에게 영어 과외를 부탁한다.

나이가 지긋한 옥분 할머니는 왜 영어를 배우려 했던 것일까?

옥분 할머니와 이별한 남동생이 미국에 살고 있어 연락하고 싶었기 때문이었다. 하지만 다른 이유도 있었다. 사실 옥분 할머니는 일본군 '위안부'였다. 그녀와 같은 고통을 겪었던 친구가 죽어가자 일본의 만행을 세계에 알리고 싶었다.

사연을 알게 된 민재는 옥분 할머니를 도와 미국 하원 청문회에 서게 된다. 용기를 낸 옥분 할머니의 증언이 일본의 진정한 '변화'를 요구하는 목소리를 내었다.

이 영화는 실제 2007년 미국 하원에서 일본의 '위안부' 만행을 증언했던 이용수 할머니를 모티브로 제작된 영화다. 일본의 변화를 촉구했던 증언은 세계의 마음을 울렸고, 미국 하원에서는 위안부 결의안이 채택되었다.

2. 영화 '아이 캔 스피크' 엿보기

영화 엿보기 1. 말할 수 없는 고통, 말할 수 있는 용기!

영화 엿보기 2. '외침'에 세계가 응답하다.

영화 엿보기 3. 응답하라. 일본!

영화 엿보기 1. 말할 수 없는 고통, 말할 수 있는 용기!

영화 속 실제 주인공 이용수 할머니는 누구일까?

그녀는 1928년생으로 15~16살이었던 1942~1943년경(기억에 의해서 증언하는 것이기 때문에 녹취 상황에 따라 연도가 다르게 증언하였다) 일본 군인들이 강제로 자신과 친구들을 끌고 가서 일본군 '위안부'가 되었다고 증언했다.

일본은 1931년 만주사변 이후 중국, 동남아시아 지역으로 전선을 점점 확대해 나갔다. 전선이 확대되자 일본군은 군대의 기강을 유지하고, 강간행위, 성병 감염 방지, 군사기밀 누설을 막기 위해 젊은 여성들을 수용하여 군인들의 성적 노리개로 삼고자 했다.

수많은 조선 여성들이 만주, 중국, 미얀마, 말레이시아, 인도네시아, 파푸아 뉴기니아, 태평양 등지에 끌려갔고, 성노예로서 혹사당해야만 했다.

전쟁이 막바지에 이르자 일본군들은 '위안부'들을 현지에서 사살하거나 자살을 강요했다. 혹시 운 좋게 살아서 고향으로 돌아온다고 해도 사회적 비난, 냉대, 수치심과 가난, 병약해진 몸으로 평생 신음하며 살아야 했다. 영화 속 옥분 할머니가 가족과 헤어지고 혼자서 살아야 했던 이유이다.

생존 일본군 '위안부' 할머니들은 1992년 1월부터 일본 대사관 앞에서 수요일 낮 12시가 되면 일본 정부의 공식사죄, 법적배상, 책임자 처벌 등을 요구하는 시위를 하고 계신다.

한국뿐 아니라, 세계 곳곳에서 연대 집회가 개최되고 있다. 평화의 소녀상은 2011년 12월 14일 1,000차 수요시위를 기념하여 건립되었고 2013년 7월 30일에는 미국 캘리포니아주 글렌데일에 세워지기도 했다.

영화 엿보기 2. '외침'에 세계가 응답하다.

일본군 '위안부' 할머니들의 외침은 세계에 퍼져나갔다. 그 결과 2007년, 미국 하원 외교위에서는 '위안부 결의안(HR121호)을 채택하였다. 결의안을 발의했던 의원들은 일본군 '위안부' 문제가 한일 양국의 문제가 아닌 궁극적으로 인권의 문제임을 강조하고 있다.

1992년 2월에는 한국 정부에서 피해자신고센터를 설치하여 피해신고와 증언을 받기 시작했고, 2019년 12월에는 현재 국내 신고자가 240명이었다.

영화에서도 일본군 '위안부'의 만행을 증언하는 외국인 여성이 등장한다. 네덜란드 피해 여성이다.

일본이 태평양 전쟁을 일으켰을 당시 식민지였던 조선과 대만, 이밖에 일본이 점령했던 오늘날의 중국 일부, 홍콩, 싱가포르, 인도네시아, 말레이시아, 동티모르, 미얀마, 베트남, 라오스, 필리핀, 캄보디아 등에 살았던 여성들은 일본군 '위안부'로 끌려갔다.

이들은 어떻게 일본군 '위안부'로 끌려가게 된 것일까?

당시 일본제국의 식민지였던 한국, 대만 등 일부 지역은 민간업자가 취업 사기, 인신매매 등으로 데리고 간 경우가 절대다수로 알려져 있다.

일본의 침략전쟁으로 인한 인적, 물적 피해가 가장 컸던 중국, 즉 중화인민공화국과 중화민국(대만)도 아직 일본으로부터 제대로 된 배상을 받지 못했다. 이 점은 북한 역시 마찬가지다.

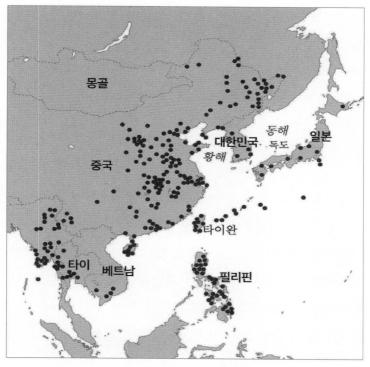

전장이 확대되면서 일본은 각 지역 여성들의 인권을 유린했다.
(출처:금성『한국사』교과서)

본질적으로 일본군 '위안부' 문제는 우리나라만의 문제가 아닌 전 세계의 인권 차원에서 다뤄야 할 문제다. 그러므로 세계 각국의 인권단체, 국가들이 연대해서 해결해야 한다.

영화 엿보기 3. 응답하라. 일본!

1965년 한일협정이 체결되고 양국이 국교를 맺었을 당시 한국은 군사정권 시절이었다. 1987년 6월 민주화 항쟁으로 한국에서 민주주의 바람이 거세게 불면서 일본의 입장에서는 한국과 새로운 관계를 정립할 필요가 있었다.

1993년 8월 4일, 일본 내각 관방장관 고노 요헤이는 일본 정부의 입장을 담아 발표했다. 제국주의 시절 일본이 아시아 사람들에게 준 고통과 상처에 대해 일본 정부가 처음으로 이를 조사하고 사죄한다는 문서였다.

위안소는 당시 군 당국의 요청에 의해 설치·운영된 것이고 위안소의 설치·관리 및 위안부의 이송에 대해서는 구일본군이 직접 또는 간접적으로 이에 관여했다. 위안부의 모집은 주로 군의 요청을 받은 업자가 임하였지만, 그 경우에도 감언·감압에 의하는 등 본인들의 의사에 반하여 모집된 사례가 많고, 나아가 관헌 등이 직접 이에 가담한 적도 있다는 것이 밝혀졌다. 또한 위안소에서의 생활은 강제적인 상황 하에서 참혹했다........ 어쨌든 간에 본 건은 당시 군 관여하에 다수 여성의 명예와 존엄에 깊은 상처를 입힌 문제다. 정부는 이 기회에 다시 그 출신지의 여하를 묻지 않고 이른바 종군위안부로 수많은 고통을 경험하고 심신에 걸쳐 치유하기 어려운 상처를 입은 모든 분들에 대해 마음으로부터 사죄와 반성의 뜻을 표명한다.

<고노 담화 중 일부>

이 담화문은 당시 일본 정부의 역사 인식을 보여준다. 일본 국민들은

담담하게 받아들였고 담화문을 지지하였다고 한다. 하지만 진정한 사죄는 아니었다.

정대협(한국정신대문제협의회)을 비롯한 한국의 운동단체에서는 구체적인 배상과 법적 책임 인정이 부실하였다고 지적하였다. 일본은 한일 협정에서 청구권에 따른 지불은 종결되었기 때문에 배상을 거부했다.

대신 간접적인 보상으로 여성을 위한 아시아평화 국민기금'의 방식으로 보상을 하기로 하였다. 그러나 한국의 반발과 위안부 생존자들의 대다수는 기금 수령을 거부하면서 2007년 기금은 해산되고 말았다.

이런 가운데 2011년 한국의 헌법재판소 판결이 다시 한 번 위안부 문제를 수면 위로 떠오르게 하였다.

일본군 '위안부' 피해자 할머니들이 제기한 청구권 제기 소송에서 헌법재판소는 청구권 소멸에 관한 해석이 일본의 주장대로 완전히 소멸한 것이 아니라는 판결을 내렸다.

한일 정부 간의 양자 협의를 통한 문제해결을 위한 시도는 있었다.

2012년 일본에서 민주당 정권이 무너지고 아베의 자민당 정권이 부활하면서 위안부 문제는 더욱 해결의 실마리가 보이지 않았다.

아베 총리는 고노 담화는 계승하면서 몇몇 논점에 대한 재검증 작업에 착수하였다.

갑작스러운 발표였다. 2015년 12월 28일, 한일 양국 외교부 장관은 공동합의문을 발표했다.

"이번 문제가 최종적이고 불가역적으로 해결되었음을 확인한다."

우리 정부가 위안부지원재단을 설립하고 일본 정부에서 10억 엔을 출연하는 내용도 포함되었다.

그러나 이 합의문은 많은 논란과 문제를 안고 있다. 일본 정부의 총리가 아닌 외무대신을 통한 사죄를 했다는 점, 피해자들이 요구해온 '법적 책임'에 관해 일본 정부는 '책임을 통감한다.'라는 선에서 표현했다는 점, 거기다 소녀상 철거와 유엔 등 국제사회에 더 이 문제를 거론하지 않겠다는 한국 정부의 입장은 일본군 '위안부' 피해자를 납득시키기 어렵다.

가장 이해할 수 없는 부분은 법에 근거하지 않고 피해자의 소통 없이 이뤄졌다는 점이다. 누구를 위한 합의인가?

왜 이렇게 일본은 진정한 사과를 하지 않는 것일까?

그 이유는 일본의 힘이 강한 것도 있지만 루스 베네딕트가 쓴 『국화와 칼』에 나타난 일본인의 특성 때문이라는 분석도 있다. 서구 문화권에서는 죄를 지은 순간부터 죄가 발생하지만 일본 문화는 수치심의 문화이기에 남들에게 알려지지 않으면 죄가 아니다.

이유가 어찌 되었든 일본은 변하지 않았다. 진정성 없는 사과는 '변화'가 아니다. 우리가 계속해서 일본의 잘못된 역사 인식을 지적하고 말로 때려야 하는 이유이기도 하다.

3. 영화 더 보기 (군함도)

영화 더하기 1. 엄마, 보고 싶어요!

"고무로 만든 와이어를 기계로 벗겨내 매를 만들어서 후려치니까 피가 묻어나고 살점이 떨어지고 세상에…우리 나이 다 열다섯 열여섯 그랬는디…"

하시마섬에 강제 동원되었던 최장섭 할아버지의 증언 중 일부이다. 중학교 2~3학년 나이에 그들은 가족과 헤어졌다. 그리고 그들은 일본의 하시마섬으로 끌려갔다. 하시마섬은 일본의 지옥섬이자 군함도로 불렸던 곳이다.

영화 '군함도' 예고편

〈군함도〉(류승완 감독, 2017) 포스터
제작 : ㈜외유내강, Film K, 스카이라인 픽쳐스
배급사 : 씨제이이이앤엠㈜ CJ E&M

영화 〈군함도〉는 하시마섬으로 끌려간 조선인들의 삶을 배경으로 제작된다.

1945년. 일제가 패망하기 직전의 상황을 다루고 있다. 이때는 일제가 태평양 전쟁에서 패색이 짙던 시기였다.

일제는 전쟁에서 승리하기 위해 더 많은 군수물자를 생산해야 했다. 더 많은 노동력을 확보하기 위해 조선인들을 강제로 동원하였다. 이것은 영화 속 등장인물들이 군함도로 오는 과정과 일치한다. 많은 돈을 벌 수 있다는 거짓 선전에 속아 강옥(황정민 분)과 칠성(소지섭 분), 말년(이정현 분) 등이 각자의 사연을 가지고 군함도로 갔다.

이들은 군함도 해저 1000m 깊이의 막장에서 강제 노동을 해야 했다. 가스 폭발의 위험은 일상다반사였고, 많은 이들이 배고픔과 열악한 환경 속에서 죽어 나갔다. 이때 OSS 소속 독립군 무영(송중기 분)가 군함도에 비밀 업무를 수행하고 있었다. 일본 전역에 미국의 폭격이 시작되자, 일본은 군함도 내 조선인들을 제거하고, 자신의 잘못을 감추기 위해 섬 전체를 폭파하려 한다. 이를 눈치챈 군함도 내 조선인들이 힘을 합쳐 섬을 탈출한다는 내용이다.

군함도의 공식 명은 '하시마(端島)다. 나가사키 근처에 있는 조그마한 섬이다. (동서 160m, 남북 480m, 둘레 1.2km, 면적 0.063㎢ 정도의 야구장 두 개 정도 크기)

이 섬은 일본 전범 기업인 미쓰비시 그룹이 석탄을 채굴하던 곳이기도 하다. 이 작은 섬에 5천 명 이상이 거주했다고 한다.

1916년경에는 일본 최초의 철근콘크리트 건물인 7층 아파트가 세워지기도 했다. 그래서 멀리서 보면 군함처럼 보여 군함도로 불렸다고 한다.

지옥의 섬이라 불렸던 하시마섬

이 조그마한 섬에 조선인들 1943~45년 사이 약 500~800명가량이 강제 징용되어 노역했다고 한다. 전체 노동자의 1/3이 될 정도로 조선인들의 비중이 높았다.

강제 노역의 강도는 살인적이었다. 하루 12시간 채굴에 동원되었고, 처우도 매우 좋지 않아 사망자의 20%에 해당하는 122명 정도가 질병, 영양실조, 익사였다고 한다. 거주환경도 최악이었다. 방파제 끝에 조선인들의 숙소가 있어 파도가 치면 물에 잠길 정도였다고 한다.

지옥섬이자 감옥섬이라고 불렸던 군함도는 놀랍게도 세계유산으로 등재되었다.

일본은 이 군함도를 메이지 산업혁명의 유산(철강, 조선, 탄광)의 일부로 포함시켜 기한을 1910년으로 한정하여 등재한 것이다. 대신 강제 동원에 관한 내용을 알 수 있게 하라고 했지만, 일본은 무시로 일관하고 있을 뿐이다.

영화 〈군함도〉(류승완, 2017)는 강제 징용되었던 조선인들의 비참한 삶을 담아내고 있다. **하지만 OSS 소속 독립군 무영의 존재와 군함도 탈출 등의 내용은 상당히 허구적이다.**

사실 이때 무영과 같은 이들이 군함도에 파견되었다는 기록도 없으며, 군함도에 있었던 조선인들은 나가사키에 원자폭탄이 떨어진 이후에도 피폭된 물품들을 치우기 위해 강제 동원되기도 했다. 나가사키 재일 조선인 인권을 지키는 모임에 따르면 약 2만명 가량의 조선 사람들이 나가사키에서 피폭당했고, 그 중 1만명 가량이 희생되었다고 추정하고 있다.

그렇다면 이들은 어떻게 강제동원 되었던 것일까?

국외 강제 동원 인원만 대략 68만명에 달하고 있는데, 국내 군수공장과 탄광에 동원된 연인원은 500만 명이었다. 당시 조선의 인구가 2500만 명 정도였음을 생각하면 1/5에 달하는 엄청난 수의 조선인들이 강제동원된 것이다.

일본은 일본 기업을 시켜 대대적인 노동자 모집에 나섰는데, "일본에 가서 일하면 쌀밥을 배불리 먹을 수 있고, 돈도 많이 벌 수 있다"라는 말로 조선인들을 유혹했다고 한다.

영화 〈군함도〉에서 강옥이 군함도로 오게 된 경위와 유사하다. 그러나 기대치보다 모집된 인원들의 수가 부족하자, 면서기와 순사들이 함께 모집에 참여하기 시작했다.

1942년부터는 더욱 강제성을 띠면서 관 알선 방식으로 바뀌기 시작한다. 조선총독부는 '조선직업소개소령'과 '노동자 알선 요강'을 통해 동원 방식의 체계를 갖추었다. 1944년 2월부터는 조선에 '국민징용령'을 적용하여 조선인들을 강제 동원하였던 것이다. 조선인들이 강제동원을 피해 저항하는 일도 발생하기도 있다.

이렇게 강제 동원된 이들은 어디로 끌려갔을까?

영화처럼 군함도로 끌려간 조선인들도 있었지만, 사할린 북서부 탄광 지역으로 끌려간 이들도 많았다. 이들은 또한 1944년 8월 25일부터 9월 16일 사이에 규슈, 이바라키현 등 일부 지역으로 재배치되기도 했다.

이뿐 아니라 홋카이도, 오키나와의 군수품 공장, 비행장에 끌려가기도 했고, 일본의 전쟁 범위가 확장되면서 시베리아에서 파푸아뉴기니까지 전쟁의 총알받이로 동원되기도 했다.

일본이 패전하면서 상당수의 조선인은 한국으로 귀국했다. 그러나 그 과정에서 임금 미지급, 강제저금의 미반환, 노동재해에 대한 미보상의 문제가 해결되지 않았다. 보상들은 1965년 한일청구권협정에서 해결되어야 했던 문제였다.

1990년 이후 강제연행과 강제 노동 피해자는 일본 정부와 기업에 대해 사죄와 보상을 요구하며 소송을 제기했다. 그러나 기각되어 종결되거나 패소가 확정되었다. 강제 동원된 피해자들은 일본 정부와 강제연행 기업을 상대로 싸움을 계속하고 있으나 쉽지 않다.

기각의 이유도 다양하다. 처음에는 일본이 국가무답책론(1947년 이전의 일본법에는 국가나 공공단체의 책임을 정한 법률이 없으므로 전시 중 국가 권력의 불법행위로 발생한 개인의 손해에 대해 책임지지 않는다)과 시효-제척기간(어떤 권리에 대해 법률상 인정되는 권리 행사

법정기간이 지나면 권리는 사라진다.) 등을 이유로 원고들의 청구를 기각했다.

서울 용산역 앞의 강제동원 동상

이후에는 샌프란시스코 강화조약에 따라 배상문제는 모두 해결되었다거나, 한일청구권협정 제 2조(양 체약국은 양 체약국 및 그 국민의 재산, 권리 및 이익과 양 체약국 및 그 국민 간의 청구권에 관한 문제가 (중략) 완전히 그리고 최종적으로 해결된 것이 된다는 것을 확인한다)를 전면적으로 내세우며 피해자들의 보상을 거부하고 있다.

일본은 70여 년이 지난 지금에도 여전히 자신들의 강제동원과 여러 만행에 대해 제대로 된 사과와 배상을 하지 않고 있다.

이 문제들은 여전히 현재 진행형이다.

4. 만약에 한국사

일본 정부가 과거 역사적인 문제들을 제대로 사과하지 않는 것은 무엇 때문일까? 그것은 잘못된 면죄부 때문이다.

1946년 5월 3일, 도쿄 전범 재판이 열렸다. 이 재판은 전범 국가 일본의 책임을 묻기 위해 미국과 연합국이 공동으로 주관하는 재판이었다. 그러나 이 재판에서 조선 식민지배에 대해서는 재판하지 않았다. 당시 재판에 참여한 11개 국가 모두 식민지를 보유했기 때문이다. 일본 천황은 면책되었으며, 전쟁을 주도했던 A급 전범 용의자 28명 중 7명만 교수형에 처했을 뿐이다.

일본은 잘못된 역사를 스스로 청산하지 못했고, 면죄 받았다. 그 결과 일본은 지금도 자신의 잘못을 인정하지 않고 있다.

만약에 한국사 1. 도쿄 전범 재판을 제대로 했다면?

1. 독일처럼 끊임없이 사과했을 것이다.
2. 그러나 우리가 힘이 없어 현재와 큰 차이가 없을 것이다.

2차 세계대전의 패전국이었던 독일과 일본은 나란히 연합국의 지배를 받고 전범 재판의 과정을 거쳤다. 이후 주권을 회복하게 되지만 두 나라의 역사 인식은 사뭇 다르다.

먼저 독일의 경우를 보자. 독일이 항복한 후 뉘른베르크에서 전범 재판이 열렸다. 2차 세계대전을 일으켰던 나치당의 간부들은 자살하거나 체포되어 죄에 따른 처벌을 받았다. 그리고 냉전이 시작되면서 독일은 소련 점령 지역의 동독, 나머지 연합국 점령 지역의 서독으로 분단되었다.

이후 독일은 유럽에서 냉전의 최전선이 되었다가 1990년 10월에 통일에 성공했다. 그리고 지금까지도 끊임없이 민간인 학살을 비롯한 침략전쟁의 피해자들에게 사죄와 보상을 하고 있으며 전쟁 범죄에 참여한 사람은 공소시효도 없이 추적하여 재판정에 세우는 등 과거 청산에 노력하고 있다.

반면 일본은 독일과 다른 행보를 보인다. 일본은 역사 청산의 면죄부를 도쿄 전범 재판에서 받았기 때문이다.

도쿄 전범 재판에서 다룬 실제 죄목은 평화에 대한 죄, 침략전쟁을 일으킨 죄였다. 그러나 전쟁을 주도했던 A급 전범들은 대다수 살아남았다.(A급은 침략전쟁을 계획, 준비, 수행한 평화에 대한 범죄자) 그리고 그들은 전후 일본 정치, 경제, 사회 문화를 장악했다.

"침략에 대한 정의는 학계에서도 국제적으로도 확실하지 않다. 국가 간 관계를 어느 쪽에서 보느냐에 따라 다르다."

현 일본 총리 아베 신조의 발언 중 일부이다. 아베 신조의 외조부는 기시 노부스케(1896~1987)로 전쟁 A급 전범이었다. 그러나 그는 1948년 석방되었다. 이후 1957년에는 총리가 되었다. 전범으로서 총리가 되었다는 것은 일본의 전후 전범처리가 제대로 되지 못했음을 보여준다.

당시 연합군 최고사령부 장군 찰스 윌로비는 도쿄 전범 재판을 가리켜 "이 재판은 역사상 최악의 위선이다."라고 평했다. 그의 말대로 일본의 근현대사는 위선의 역사가 되었다.

왜 미국과 연합국은 일본을 관대하게 처벌했던 것일까?

전후 국제정세와 연관 있다. 전후 세계는 소련으로 대표되는 공산주의와 미국의 자본주의로 양분화되었다. 미국은 일본을 자기편으로 삼으려 했고, 생체 실험의 기록들을 받고 싶어 했다. 그 결과 미국은 일본의 생체 실험 부대 731부대의 만행을 은폐하는데 동의했다.

미국은 1951년 샌프란시스코 국제회의에서 일본을 주권 국가로 인정했다. 그리고 새롭게 제정된 평화헌법에 따라 군대의 보유는 불가능하지만 '자위대'가 설치되면서 구 일본군 출신의 인사들 다수가 명함만 바꾼 채 자리를 지킬 수 있게 되었다.

과거의 잘못된 역사가 청산되지 못한 결과가 지금의 일본이다. 일본은 침략전쟁을 반성하지도 않았고, 식민지배와 인권유린을 인정하지도 않고 있게 된 것이다.

그렇다면 '만약' 일본이 독일처럼 제대로 국제재판의 처벌을 받았다면 달라졌을까?

독일이 피해를 끼친 국가들은 대부분이 현재 선진국이거나 강대국이다. 프랑스, 영국, 네덜란드, 벨기에, 폴란드, 러시아 등이 독일과 싸운 국가들이다.

그리고 유대인 학살에 관해서 지금도 독일 정부는 사죄하고 재발 방지를 약속하고 있다. 그것은 유대인이 세계 곳곳에 끼치는 영향력이 크기 때문이다.

어쩌면 독일이 과거 청산에 적극적인 이유 중의 하나는 현재 유대인이 가진 '파워'를 의식한 결과일 수도 있다. 실제로 독일은 아프리카의 나미비아를 식민지로 삼으면서 저질렀던 '헤레로족 학살'에 대해서는 지금도 사과와 배상을 거부하고 있다. 이것은 유대인에 대한 사과, 보상과 다른 이중적인 태도이다.

이렇게 보면 일본이나 독일은 근본적으로 다른가에 대한 의문을 가지게 된다. 씁쓸하지만 국제사회에서 사과를 받기 위해서는 '파워'가 있어야 한다는 점이다.

일본의 진정한 사과를 받기 위해서는 결국 지속적인 요구나 반성의 촉구가 필요하다. 더 나아가 우리 스스로 '파워'를 키워 일본의 변화를 유도할 수 있는 노력도 갖춰야 한다.

만약에 한국사 2. 태평양 전쟁 소재 영화 만들기

1. 잊혀진 사람들 – 조선인 B·C급 전범들
2. 끌려간 사람들 – 조선인 학도병, 징병제

도쿄 전범 재판에서 전쟁 범죄에 대한 처분은 A, B, C 세 등급으로 나누어졌다. A등급은 전쟁을 기획하고 일으킨 죄, B·C급 전범은 민간인 학살이나 포로 학대에 관한 범죄이다. 그런데 여기서 조선인 148명은 B·C급 전범으로 판결받고 사형 또는 징역형을 살았다. 이들의 죄목은 '포로 학대 혐의'였다. 기구한 인생이다. 원하지 않았던 시대에 태어나, 전쟁에 끌려갔고, 처벌받아야 했다.

그동안 잊혔던 역사, '다크 히스토리'를 기억하는 것은 미래를 위해서 매우 필요한 것이다. 영화가 가진 힘을 통해 '잊힌 사람들'의 이야기를 다뤄봐도 좋을 것이다.

강제로 끌려갔던 조선인 학도병과 징병도 다뤄보면 어떨까? 일제는 조선인들의 입대를 꺼렸다. 믿을 수 없었기 때문이다. 그러나 중・일 전쟁이 장기화하면서 1938년에는 육군 특별 지원령이 발표되었고 1943년에는 학도 지원병 제도, 1944년에는 징병제가 공표되었다.

한국광복군 시절 노능서, 김준엽, 장준하(좌측부터)

수천 명의 조선 청년들이 일제의 전쟁에 강제로 끌려갔지만 개중에는 탈출하여 전쟁이 끝날 때까지 숨어 지내거나 혹은 광복군, 조선의용군, 연합국에 합류하여 항일 전쟁에 참전하는 경우도 있었다. 대표적인 이가 영원한 광복군 장준하(1918~1975)다. 그는 일제 강점기에는 독립운동가였다.

1944년 강제로 일본군에 징집되었으나 6개월 만에 탈출하여 한국광복군 간부훈련을 받앗고 OSS의 훈련을 통해 국내 진공 작전을 담당하기도 했다.

해방 후에는 국회의원을 하기도 했다. 또 민주주의를 부르짖으며 유신정권에 저항했다가 의문사를 당했다.

장준하는 박정희 정권 시절에 유신헌법에 반대하며 개헌 운동을 하다가, 긴급조치 1호를 위반했다는 이유로 영장도 없이 체포돼 옥고를 치렀다. 긴급조치 1호는 개헌 주장 자체를 금지하는 내용이다.

2015년 대법원은 긴급조치 발령 자체는 "고도의 정치성을 띤 국가행위"여서, 국민 전체에 대한 정치적 책임을 질 뿐 국민 개개인의 손해배상 청구 대상은 아니라고 판결했다.

그러나 최근에 법원이 39년 만의 재심에서 무죄를 선고했었고, 장준하의 유족들에게 국가가 7억 8천여만 원의 위자료를 지급하라고 판결했다.

2020년 재판부는, 대통령의 긴급조치 발령에 근거한 위법 수사 등으로 피해가 발생했는데도 민사상 불법행위 책임은 어느 누구도 지지 않게 된다면, 이는 정의 관념에 반하는 부당한 결과라고 판시했다.[15]

장준하. 그의 삶 자체가 우리 근현대사를 모두 관통하고 있어 영화의 소재로 충분하다.

---

15) 출처 ; KBS 뉴스
http://news.kbs.co.kr/news/view.do?ncd=4445586&ref=A

참고 문헌

『삼국사기 1,2』, 김부식, 홍산문화사, 1994.

『삼국시대 사람들은 어떻게 살았을까?』, 한국역사연구회, 청년사, 2005.

『삼국통일 전쟁사』, 노태돈, 서울대학교출판부, 2009.

『전쟁과 역사(삼국시대편)』, 임용한, 혜안, 2001.

『전쟁으로 보는 한국사』, 김성남, 수막새, 2005.

『한국고대사의 이론과 쟁점』, 노태돈, 집문당, 2009.

『한국고대전쟁사 2,3』, 임용한, 혜안, 2012.

『고려사의 재발견』, 박종기, Humanist, 2015.

『고려시대 사람들은 어떻게 살았을까? 2』, 한국역사연구회, 청년사, 2005.

『전쟁과 역사 2,3』, 임용한, 혜안, 2004,2008.

『관상, 인간 이해의 첫걸음』, 이태룡, 살림, 2014.

『김종서와 조선의 눈물』, 이덕일, 옥당, 2010.

『조선국왕 이야기1,2』, 임용한, 혜안, 1998.

『조선왕조실록을 보다 1』, 박찬영, 리베르, 2014.

『얼굴, 사람과 역사를 기록하다』, 배한철, 전호림, 2016.

『한국사에 대한 거의 모든 지식 조선의 왕 이야기 (상)』, 박문국, 소라주, 2015.

『임진왜란은 조선이 이긴 전쟁이었다』, 양재숙, 가람기획, 2012.

『한국 무기의 역사』, 이내주, 살림, 2013.

국방TV, 『토크멘터리 전쟁사』 7부 임진왜란 Ⅱ

네이버 향토문화전자대전 『김충선』
:https://terms.naver.com/entry.nhn?docId=3598304&cid=59462&categoryId=59
522

『광해군 그 위험한 거울』, 오항녕, 너머북스, 2012.

『광해군-탁월한 외교정책을 펼친 군주-』, 한명기, 창작과비평, 2000.

『대동법 조선 최고의 개혁』, 이정철, 역사비평사, 2010.

『지식채널ⓔ7』, EBS 지식채널ⓔ, 북하우스, 2012.

『쟁점 한국사:전근대편』, 한명기 외, 창비, 2017.

『한국사에 대한 거의 모든 지식 조선의 왕 이야기(하)』, 박문국, 소라주, 2016.

조선왕조실록(http://sillok.history.go.kr/main/main.do)

『박시백의 조선왕조 실록(인조편)』 박시백, 휴머니스트, 2012.

『병자호란, 홍타이지의 전쟁』 구범진, 까치, 2019.

『역사평설 병자호란 1, 2』 한명기, 푸른역사, 2013.

『조선의 무기와 갑옷』 민승기, 가람기획, 2019.
네이버 한국인문고전 연구소『중국인물사전』:
https://terms.naver.com/list.nhn?cid=62066&categoryId=62066
네이버캐스트 무기의 세계『편전』: https://terms.naver.com
『권력과 인간』, 정병설, 문학동네, 2012.
『나의문화유산답사기 9 서울편1』, 유홍준, 창비, 2018.
『박시백의 조선왕조실록(영조, 정조편)』, 휴머니스트, 2015.
『영조, 임금이 되기까지』, 홍순민, 눌와, 2017.
『왕을 위한 변명』, 신명호, 김영사, 2009.
『정조와 정조 이후』, 역사비평 편집위원회, 역사비평사, 2017.
『조선왕조실록을 보다 3』, 박찬영, 리베르, 2015.
『심리학자, 정조의 마음을 분석하다』, 김태형, 역사의 아침, 2009.
『한국사에 대한 거의 모든 지식 조선의 왕 이야기(하)』, 박문국, 소라주, 2016.
『한중록』, 혜경궁 홍씨, 신원문화사, 2006.
조선왕조실록(http://sillok.history.go.kr/main/main.do)
『개화는 싫어 개국은 더욱 싫어(이규태의 개화백경5)』, 이규태, 조선일보사, 2001.
『도설 한국어의 발굴』 25 이훈종, 문학사상, 1983.
『조선에 온 서양 물건들』 강명관, 휴머니스트, 2015.
『한국사 사전 1 - 유물과 유적·법과 제도』, 김한종 외, 책과함께어린이, 2015.
『35년. 1921-1925 의열투쟁, 무장투쟁 그리고 대중투쟁』, 박시백, 비아북, 2019.
『약산 김원봉』 이원규, 실천문학사, 2005.
『이름 없는 역사』, 윤종훈, 이상, 2018.
『제대로 본 대한민국 임시정부』 김희곤 외, 지식산업사, 2009.
『한국사를 지켜라1』, 김형민, 푸른역사, 2016.
『한국의 레지스탕스』, 조한성, 생각정원, 2013.
KBS 역사스페셜 101화『조선인 가미카제 탁경현의 아리랑』
[네이버 지식백과] 조선혁명선언 (시사상식사전, pmg 지식엔진연구소)
:https://terms.naver.com/entry.nhn?docId=548962&cid=46623&categoryId=46623
오마이뉴스, 「벚꽃의 계절, 조선인 '가미카제'를 기억하십니까」
:http://www.ohmynews.com/NWS_Web/View/at_pg.aspx?CNTN_CD=A0001724169
KBS 역덕이슈 오늘『의열단, 우리의 힘과 피로 싸운다』
:http://search.kbs.co.kr/clip.html?keyword=%EC%97%AD%EB%8D%95%EC%9D

%B4%EC%8A%88

『군함도, 끝나지 않은 전쟁』, 민족문제연구소, 생각정원, 2017.

『당신이 알아야 할 한국사 10』, 서경덕 외, 엔트리, 2013.

『역사채널ⓔ1,2,4』, EBS 역사채널ⓔ, 북하우스, 2013.

『일본군 '위안부' 문제의 해결을 위하여』, 와다 하루키, 역사공간, 2016.

『일본군 성노예제(일본군위안부문제의 실상과 그 해결을 위한 운동)』, 정진성, 서울대학교출판부, 2004.

『쟁점 한국사:근대편』, 이기훈 외, 창비, 2017

영화 속 역사 깊은 이야기 (한국사편)

지 은 이 이영춘, 이승엽
발 행 인 김홍열
발 행 처 율도국
디 자 인 김예나
초판발행 2020년 6월 25일
2쇄 발행 2021년 6월 25일
주   소 서울특별시 도봉구 시루봉로 286 (도봉동 3층)
출판등록 2008년 7월 31일
홈페이지 www.cafe.naver.com/uldo
이 메 일 uldokim@hanmail.net
I S B N 9791187911531 (03910)
C I P   2020021066